Michèle Boularès
Odile Grand-Clément

CONJUGAISON
PROGRESSIVE
DU FRANÇAIS

CORRIGÉS

Avec 450 exercices

CLE
INTERNATIONAL

www.cle-inter.com

Direction de la production éditoriale : Béatrice Rego
Marketing : Thierry Lucas
Édition : Sylvie Hano
Couverture : Miz'enpage
Mise en page : Arts Graphiques Drouais (27320 Nonancourt)

ISBN : 978-2-09-038451-2

Sommaire

Chapitre 1 – Le présent de l'indicatif

Exercices p. 9

1 2. Il, Il n'est pas traducteur – **3.** Vous, Vous n'êtes pas musicien – **4.** Ils/Elles, Ils/Elles ne sont pas en voyage – **5.** Nous, Nous ne sommes pas en forme – **6.** Je, je ne suis pas triste.

2 2. Je suis – **3.** Ils sont – **4.** Tu es – **5.** On est – **6.** Vous êtes – **7.** Il est – **8.** Nous sommes – **9.** Elles sont – **10.** Vous êtes.

3 2a. je suis – **3g.** vous êtes – **4f.** Oriane et moi sommes – **5g.** tu es – **6d.** Matthew est – **7h.** Marie est – **8e.** Ces roses sont.

4 2. Ce sont, ce ne sont pas – **3.** C'est, ce n'est pas – **4.** Ce sont, ce ne sont pas – **5.** C'est, ce n'est pas – **6.** Ce sont, ce ne sont pas.

5 Mon père est ingénieur. Ma mère est pianiste. Physiquement, ils sont très différents : il est grand et fort, elle est petite et mince. Ce sont des parents merveilleux. Mon frère est plus jeune que moi. Il est encore à l'école et je suis à l'université. Nous sommes une famille très unie.

Exercices p. 11

1 1. Nous avons – **2.** J'ai – **3.** Vous avez – **4.** Tu as – **5.** Il/Elle/On a – **6.** Ils/Elles ont.

2 2. Nous avons – **3.** Vous avez – **4.** Ils ont – **5.** Tu as – **6.** Il a – **7.** Elles ont – **8.** Elle n'a pas – **9.** Vous n'avez pas – **10.** Ils n'ont pas – **11.** Tu n'as pas – **12.** Je n'ai pas.

3 1. ils ont 20 ans – **2.** elle n'a pas envie de sortir – **3.** j'ai faim – **4.** le bébé a sommeil – **5.** tu n'as pas peur – **6.** nous n'avons pas le temps – **7.** elle a l'air malade – **8.** vous avez l'heure ?

4 Dans ma chambre il y a un lit, un bureau, une bibliothèque et une chaîne stéréo. Au mur, il y a des affiches et des photos. Il n'y a pas beaucoup de place.

5 Claire a vingt ans. Elle est étudiante à la faculté des Lettres. C'est une fille sympathique. Elle est grande, elle a des cheveux blonds et des yeux noirs. Elle a bon caractère et elle est toujours gaie. Elle a beaucoup d'amis. Mes voisins sont espagnols. Ils ont deux enfants. Ce sont des gens serviables. La fille a 10 ans et le garçon a 6 ans. Ils sont très généreux. Les enfants sont amusants. Ce sont des passionnés de jeux vidéo. Le père est sportif ; c'est un champion de tennis. Il est aussi musicien.

6 Sur votre meilleur(e) ami(e) : Elle a les cheveux noirs et frisés. Ses yeux sont verts. Elle est très sensible et très intelligente. Elle une passion pour la littérature.
Sur votre voisin : il est d'origine italienne ; il est très sympa. Il a beaucoup d'amis.
Sur vos parents : ils sont âgés. Ils sont souvent malades. Ils ont les cheveux blancs. Ils ont une maison à la campagne.

Exercices p. 13

1 1. Ils vont – 2. Tu vas – 3. Je ne vais pas – 4. Jean et moi allons – 5. Il va – 6. Vous allez – 7. On va – 8. Elles vont.

2 2f. Elle vient – 3d. Il vient – 4a. Tu viens – 5e. Nous venons – 6b. Ils viennent – 7c. Je viens.

3 2b. Comment est-ce que vous venez à la maison ? Nous venons en voiture. – 3a. D'où est-ce que tu viens ? Je viens de la banque. – 4e. Quand est-ce qu'elle vient ? Elle vient à midi. – 5c. D'où viennent ces fruits ? Ils viennent du Brésil.

4 **À la maison :** Je fais la vaisselle. – Les garçons font du bruit. – Marie fait du piano. – Ma mère fait le ménage. – Mon père fait la cuisine. – Nous faisons tous quelque chose. – **En vacances :** Je fais le lézard au soleil. – Ma sœur fait du sport. – Mon père fait le jardin. – Ma mère fait du chant. – Mes frères font du tennis. – Nous faisons tous des activités. – Et vous, qu'est-ce que vous faites ?

5 En été, mes amis et moi allons à la mer et nous faisons du voilier. Mon frère vient avec nous et il fait du catamaran. En hiver, je vais à la montagne avec mes cousins et on fait du ski. L'air de la montagne est pur et nous sommes en pleine forme.

Exercices p. 15

1 tu veux, je veux, je ne peux pas – tu dois, il ne faut pas – Je sais

2 1. Tu veux venir à la plage ? Oui, je veux venir mais je ne peux pas. – 2. Ils veulent sortir ? Oui, ils veulent sortir mais ils ne peuvent pas – 3. Vous voulez changer votre billet ? Oui, nous voulons le changer mais nous ne pouvons pas. – 4. Elle veut voyager ? Oui, elle veut voyager mais elle ne peut pas – 5. Tu veux venir avec nous ? Oui, je veux mais je ne peux pas maintenant. – 6. Vous voulez vous marier ? Oui, on veut mais on ne peut pas.

3 vous voulez, nous voulons, nous pouvons, vous voulez, on peut, on peut, je veux, je peux, tu peux, tu veux.

4 1. Vous devez changer de train. Il faut changer de train. – 2. Tu dois prendre rendez-vous. Il faut prendre rendez-vous. – 3. Je dois préparer le repas. Il faut préparer le repas. – 4. Nous devons sortir tôt. Il faut sortir tôt. – 5. On doit faire des courses. Il faut faire des courses.

5 Je veux et je peux faire du yoga. Je veux et je peux faire de la sculpture. Je veux faire de la danse moderne mais je ne peux pas. Je veux voyager plus souvent mais je ne peux pas

Exercices p. 17

1 1. Tu rentres – 2. Ils habitent – 3. Je n'aime pas – 4. Vous ne dînez pas. – 5. Elle se lave – 6. On passe – 7. Elles pleurent – 8. Nous aidons – 9. Il ne s'occupe jamais. – 10. Ils regardent.

2 Avant de partir en voyage, que faites-vous ? Je prépare l'itinéraire ; ma copine et moi, nous étudions la carte. Elle réserve les billets et moi, je m'occupe de la location de la voiture. Ensemble, nous comparons les prix et calculons notre budget. Pendant le voyage, comment voyagez-vous ? On roule beaucoup : on admire le pays. Je m'arrête dans toutes les villes intéressantes et visite les sites et les monuments.

3 David se réveille tôt le lundi matin et il organise son travail de la semaine. Il assiste à tous les cours de la journée et il écoute attentivement les professeurs. Ensuite il déjeune avec ses copains et il partage des idées avec ses amis. Après les cours, il rentre à la maison et se repose. Puis il travaille tard dans la nuit et se couche.

4 Je rêve – la nature donne – les hommes respirent – je contemple – les fleurs mêlent.

5 J'aime regarder le coucher du soleil sur la mer ; c'est un moment magnifique. Je m'allonge sur la terrasse et contemple les chevaux le long de la plage ; ils viennent galoper dans les vagues légères avant la tombée de la nuit. Les derniers bateaux rentrent au port, le phare s'allume au loin et je rêve…

Exercices p. 19

1 1. tu étudies, il étudie – 2. je remercie, nous remercions – 3. ils continuent, nous continuons – 4. tu loues, nous louons – 5. je me baigne, nous nous baignons – 6. il s'habille, nous nous habillons – 7. tu te réveilles, on se réveille – 8. nous gaspillons, elles gaspillent.

2 1. Le moniteur surveille, nous surveillons – 2. Mes amis gagnent, vous gagnez – 3. Les touristes apprécient, vous appréciez – 4. Il loue, nous louons – 5. Cet enfant crie, vous criez – 6. Ils jouent, nous jouons – 7. Elles oublient, nous oublions – 8. J'enseigne, nous enseignons – 9. Elle s'habille, vous vous habillez – 10. Tu t'habitues, vous vous habituez.

3 J'enseigne le français, j'apprécie mes étudiants, je joue aux cartes, je crée des histoires, je m'habille classiquement.

4 1. joue – 2. crée – 3. soigne – 4. oublie – 5. étudie – 6. loue – 7. gagne – 8. apprécie.

Exercices p. 21

1 1. Je lance, nous lançons, ils lancent – 2. Tu changes, nous changeons, vous changez – 3. Nous rangeons, je range, vous rangez – 4. Ils rejettent, nous rejetons, elle rejette – 5. Vous essayez, j'essaie / j'essaye, nous essayons – 6. Elle envoie, vous envoyez, nous envoyons.

2 1. Tu t'appelles, je m'appelle, vous appelez-vous ?, je m'appelle – 2. Tu jettes, je les jette, vous les jetez, nous ne les jetons pas – 3. Paie / paye, vous payez, je paie / je paye, paie / paye. – 4. épelez-vous, je l'épelle, l'épellent – 5. Vous voyagez, nous voyageons, voyagent – 6. Vous nettoyez, nous la nettoyons, la voisine la nettoie.

3 1. ensorcelle – 2. emploient – 3. ne paye / paie pas – 4. envoient.

Exercices p. 23

1 1. Tu te lèves, nous nous levons – 2. Nous emmenons, j'emmène – 3. Elle achète, ils achètent – 4. Nous préférons, ils préfèrent – 5. Nous nous inquiétons, tu t'inquiètes – 6. Vous répétez, tu répètes.

2 1. Je digère – 2. Vous tolérez – 3. Nous espérons – 4. Vous enlevez – 5. Il possède – 6. Il lève – 7. Elle pèle – 8. Je décongèle – 9. Nous séchons – 10. Vous rachetez.

3 2f. Tu exagères – 3a. Je complète – 4e. Nous nous levons – 5c. Il espère – 6b. elles ramènent.

4 Il enlève, il répète, il se promène, le silence règne, il nous obsède, il pénètre, nous nous inquiétons, qui reflète, nous lui suggérons, nous considérons.

5 1. Je m'inquiète facilement. – 2. Je préfère aller à la montagne. – 3. Je règle mes achats par carte bleue. – 4. Oui, je considère que j'ai des conditions de vie agréables. – 5. Non, je ne me pèse jamais.

Exercices p. 25

1 1. Elle rougit, elles rougissent, je rougis – 2. Tu choisis, vous choisissez, elles choisissent – 3. Je grossis, ils grossissent, vous grossissez.

2 1e. jaunissent – 2f. vieillit – 3b. se nourrissent – 4c. agit – 5d. se réunit – 6a. hais.

3 1. Le public applaudit – 2. Les voitures ralentissent – 3. Nous punissons – 4. Ce pull rétrécit – 5. Je ne réussis pas.

4 le groupe se réunit, le président définit, ils réfléchissent, ils choisissent, le secrétaire éclaircit, ils aboutissent, ils réussissent, ils finissent.

5 1. Mincir, les femmes qui font un régime ne mincissent pas toujours ! – 2. durcir, cette colle durcit en quelques secondes – 3. brunir, elle brunit rapidement car elle a la peau mate – 4. Épaissir, vous épaississez la sauce avec de la farine – 5. Grandir, cet enfant grandit vite ! – 6. Vieillir, Mes parents vieillissent bien – 7. Maigrir, comme elle ne mange rien, elle maigrit.

Exercices p. 27

1 1. Tu ouvres – 2. Nous dormons – 3. On sort – 4. Ils cueillent – 5. Tu pars – 6. Vous desservez – 7. Je cours – 8. Il sert – 9. Il ment à ses parents – 10. Nous secourons.

2 1. Tu pars. – 2. Tu sors. – 3. Tu dors. – 4. Tu te sers. – 5. Tu mens. – 6. Tu offres. – 7. Tu te sens.

3 Nous sommes, nous nous sentons, nous ne nous servons pas, nous ouvrons, nous sortons, nous partons, nous cueillons, qui sentent, nous nous endormons, nous repartons, je cours.

4 *Pendant les vacances je* ne pars pas à la campagne, je découvre des pays étrangers, je ne sors pas dans des boîtes de nuit, je dors normalement, j'accueille des amis chez moi et je ne cours pas le matin.

Exercices p. 29

1 1. Elles viennent – **2.** Vous vous souvenez – **3.** Il acquiert – **4.** Elle tient – **5.** Je fuis – **6.** Nous prévenons.

2 **1d.** je meurs – **2a.** nous mourons – **3b.** il meurt – **4c.** on meurt.

3 Devenez-vous, allez-vous, venez-vous, nous revenons, vous vous souvenez, il habite, qui appartient, j'obtiens, je pars.

4 1. Ces objets vous appartiennent ? – **2.** J'obtiens – **3.** Ces dates vous conviennent ? – **4.** Elle tient – **5.** L'entreprise conquiert – **6.** Elle fuit.

5 **Horizontal :** il sert, elle sert, on sert – je fuis, tu fuis – j'acquiers, tu acquiers – il tient, elle tient, on tient.
Vertical : il sait, elle sait, on sait – il fuit, elle fuit, on fuit – je tiens, tu tiens – tu es – tu vas – tu as.

Exercices p. 31

1 1. Elle rit – **2.** Tu conduis – **3.** Tu lis – **4.** Vous dites – **5.** Je dis – **6.** Nous nous inscrivons.

2 1. Est-ce que tu lis / vous lisez des romans ? – **2.** Est-ce que vous écrivez souvent à vos parents ? – **3.** Est-ce que tu conduis / vous conduisez souvent la nuit ? – **4.** Est-ce que tu dis / vous dites toujours la vérité ? – **5.** Est-ce que vous vous inscrivez au cours de danse ?

3 1. Un chauffeur de taxi conduit des clients, un traducteur traduit des livres, un don Juan séduit les femmes, un architecte construit des maisons, un écrivain écrit des livres.

4 1. Ses professeurs lui prédisent – **2.** Traduisez-vous ? – **3.** On détruit – **4.** Les Français élisent – **5.** Votre idée me séduit – **6.** La loi interdit.

5 1. 100 % rient au cirque, 83 % lisent des magazines, 5 % écrivent un journal intime, 30 % conduisent sans ceinture, 22 % s'inscrivent à un club de gymnastique.
Je ris beaucoup au cirque, je lis des magazines d'actualité, je n'écris pas de journal intime, je ne conduis pas sans ceinture, je m'inscris à un club de gymnastique.

Exercices p. 33

1 1. Tu attends – **2.** J'entends – **3.** On se rejoint – **4.** Nous répondons – **5.** Il peint – **6.** Vous éteignez la radio – **7.** Ils perdent la tête – **8.** Tu te plains – **9.** Je me perds – **10.** Il prétend.

2 **1c.** elle perd – **2a.** je n'entends – **3d.** Christian t'attend – **4e.** je descends à la cave – **5b.** tu réponds ?

3 1. Les garagistes vendent des voitures. – **2.** Les vendeuses attendent les clients. – **3.** Les standardistes répondent aux appels. – **4.** Les policiers défendent l'entrée.

4 1. J'éteins – **2.** Tu ne crains pas – **3.** Il atteint – **4.** Tu nous contrains – Nous éteignons, vous ne craignez pas, ils atteignent, vous nous contraignez.

5 on craint, les températures atteignent, on contraint, on restreint, les agriculteurs se plaignent.

Exercices p. 35

1 **1.** On prend – **2.** Tu apprends – **3.** Je résous – **4.** Vous prenez – **5.** Elles comprennent – **6.** Elle coud – **7.** Tu me surprends – **8.** Nous apprenons.

2 **1.** Je prends – **2.** Ils prennent – **3.** Nous prenons – **4.** Vous prenez – **5.** Tu prends – **6.** Il prend

3 **1.** Les enfants apprennent, L'institutrice leur apprend, ils comprennent, Natacha me surprend, elle comprend – **2.** Tu ne prends pas, tu prends, tu comprends ? – **3.** Vous ne comprenez rien, vous n'apprenez pas – **4.** Vous me surprenez, vous ne comprenez pas, nous prenons, cela prend – **5.** Je ne prends pas.

4 **1.** Les femmes cousent – **2.** On le moud – **3.** Tout ceci ne résout pas – **4.** Ce cachet d'aspirine se dissout – **5.** Tu me le recouds – **6.** Le Président dissout – **7.** Jacques et Anne-Marie entreprennent – **8.** Ces spécialistes résolvent – **9.** Elle reprend – **10.** Ces nouvelles me surprennent.

Exercices p. 37

1 **1.** Elle plaît – **2.** Ils boivent – **3.** On soustrait – **4.** Ils extraient – **5.** Est-ce que tu te tais ? – **6.** Vous croyez – **7.** Nous nous distrayons – **8.** Tu soustrais.

2 **1.** Vous vous plaisez, je m'y plais – **2.** Vous vous taisez, on se tait – **3.** Vous vous distrayez, on se distrait – **4.** Les chaussures te plaisent, ta robe me plaît – **5.** Vous soustrayez, nous ne soustrayons pas.

3 Je bois, mon mari boit, les enfants boivent, nous ne buvons pas, on ne boit, les Français boivent, ils boivent.

4 Vous croyez, nous n'y croyons pas, je crois, y croient. – Tu crois, je n'y crois pas, y croient, il y croit.

5 Mes parents sont catholiques : ils croient en Dieu. Mon père croit aussi que l'essentiel dans la vie est d'avoir un bon travail et surtout un bon salaire. Je ne le crois pas. Mes amis et moi croyons que le plus important, c'est de faire ce qu'on aime.

Exercices p. 39

1 **1.** Je mets – **2.** Nous admettons – **3.** Tu te bats – **4.** Ils promettent – **5.** Vous connaissez – **6.** Ils connaissent.

2 **1.** Non, je ne mets pas de sucre dans mon café. – **2.** Non, je ne vous permets pas de sortir. – **3.** Oui, je connais le Portugal. – **4.** Oui, je vous promets de continuer à étudier le français.

3 Ces personnes connaissent, elles se battent, elles ne permettent pas, elles mettent, la mairie reconnaît, elle promet, elle permet, vous admettez.
Nous nous battons pour la défense des animaux. Nous ne vous permettons pas d'utiliser des animaux vivants comme cobayes. Tout le monde admet que c'est terriblement cruel. On nous promet de modifier la loi, mais personne ne fait rien.

4 Il disparaît, il réapparaît, cela me paraît, il paraît.

5 Je crois qu'on voit bien ici que la courbe du nombre d'employés croît jusqu'en 1996, puis elle décroît. Mais la capacité de production s'accroît régulièrement.

Exercices p. 41

1 1. Nous suivons – 2. Il conclut – 3. On interrompt – 4. Tu vis – 5. Elles survivent – 6. Je vous convaincs.

2 1. Je vis – 2. Je l'exclus – 3. Je ne vous suis pas – 4. Vous ne m'interrompez pas.

3 1b. tu me suis – 2a. nous vivons – 3e. ils suivent – 4d. elle vit – 5c. il suit.

4 1. Les ministres concluent – 2. Les jeunes interrompent – 3. Nous les convainquons – 4. Ce prix n'inclut pas – 5. Elle ne vit pas, elle survit.

5 Je conclus, je vous interromps, vous ne convainquez pas, vous n'incluez pas – Cela suffit, j'ouvre, je sens, je tiens, vous me permettez, je poursuis.

Exercices p. 43

1 1. Elles se voient – 2. Ils s'assoient – 3. Vous vous asseyez – 4. Vous voyez – 5. Tu prévois – 6. On se voit – 7. Nous nous asseyons – 8. Ils valent.

2 1. Nous ne voyons plus, vous les voyez ? on les voit – 2. Je ne vois pas, mon fils voit, s'ils se voient.

3 Jill s'assied / s'assoit, Claude et Marie s'asseyent / s'assoient, Ariane s'assied / s'assoit, je m'assieds / m'assois, tu t'assieds / t'assois.

4 Vous voyez, vous ne devez pas, je crois, ce n'est pas, vous le dites, j'ai, on se voit, je peux, vous le voulez, vous avez, il vaut, vous savez, je ne veux pas, vous pouvez.

5 *Aujourd'hui on* voit qu'il va pleuvoir dans l'après-midi sur la région parisienne. Il vaut mieux prendre son parapluie. En Bretagne et en Normandie, il pleut depuis trois jours. Sur les Alpes, on prévoit de la neige mais dans le sud et le sud-ouest le soleil continue à briller.

Exercices p. 45

1 1 Vous recevez, il conçoit, nous apercevons, tu t'aperçois, je déçois, elle reçoit, je perçois.

2 1. Oui, je reçois souvent des amis à dîner, mais eux ne me reçoivent pas souvent. – 2. Oui, je m'aperçois rapidement de mes erreurs, mais je ne m'en aperçois toujours. – 3. Oui, je conçois un monde sans ordinateur, mais peu de gens conçoivent un tel monde. – 4. Non je ne perçois pas un gros salaire, mais il y a des gens qui en perçoivent un.

3 1. Les voisins reçoivent des coups de fil anonymes. – 2. Ils déçoivent terriblement le professeur. – 3. Elles aperçoivent la tour Eiffel. – 4. Ils ne conçoivent pas une autre manière de vivre. Nous recevons, nous décevons, nous apercevons, nous concevons.

4   **1.** Les diplômés reçoivent – **2.** Tu aperçois – **3.** Je reçois – **4.** Sa sincérité m'émeut, je m'aperçois – **5.** Certains animaux perçoivent.

5   **1.** Ce film émeut – **2.** Je m'aperçois – **3.** Les publicitaires conçoivent – **4.** Tu reçois – **5.** Elle ne perçoit plus.

Chapitre 2 – L'imparfait de l'indicatif

Exercices p. 47

1   Mon frère avait, j'avais, tes deux cousines avaient, Philippe avait, nous avions.

2   le professeur était, nous étions, les autres étaient, on était, le professeur était, c'était, j'étais.

3   Mon grand-père était, il avait, j'étais, il faisait, il avait, il avait, nous avions, nous allions et venions, il était, il avait, il était, nous faisions.

4   L'héroïne était, il y avait, il était, il lui faisait, il n'avait pas, elle avait peur, elle avait envie, il allait et venait, il avait, qui venaient, elle était… Alors elle allait vite vers la porte pour descendre de l'autobus mais il venait vers elle. Désespérée, elle faisait signe au chauffeur mais il était complètement indifférent…

Exercices p. 49

1   Il ne fallait pas, nous pouvions, si nous voulions, les voisins pouvaient nous aider, je voulais, je pouvais, nous ne pouvions pas.

2   **2.** Je devais – **3.** Vous deviez – **4.** On devait – **5.** Nous devions.

3   **1.** Nous ne savions pas que cette rue était en sens interdit. – **2.** Elle ne savait pas que la France s'appelait la Gaule avant l'invasion des Romains. – **3.** Ils ne savaient pas que le Beaujolais nouveau ne se conservait pas. – **4.** Tu ne savais pas que sa grand-mère était russe ? – **5.** Vous ne saviez pas qu'ils étaient socialistes !

4   Nous devions, on pouvait, on voulait, on pouvait, il fallait, les candidats devaient, vous saviez, les lots pouvaient, vous ne pouviez pas.

Exercices p. 51

1   **1.** Elles aimaient – **2.** Il habitait – **3.** Vous cuisiniez – **4.** Nous remerciions – **5.** Ils tuaient – **6.** Vous louiez – **7.** Tu essayais – **8.** Nous avancions – **9.** Elle obligeait.

2   **1.** Je n'oubliais rien – **2.** On travaillait, on s'amusait – **3.** Je mangeais – **4.** Nous ne jetions rien – **5.** Nous achetions – **6.** Mon mari gagnait.

3 1. Les jeunes s'habillaient avec des pantalons larges. – 2. Ils aimaient avoir les cheveux longs. – 3. On écoutait des disques vinyl. – 4. les jeunes envoyaient des lettres ou téléphonaient. – 5. Ils passaient leur temps à écouter la radio.

4 Elle ressemblait, elle portait, se trouvaient, elle chantait, qui m'enivrait, de longues mèches tombaient, ses longs cheveux dorés roulaient, nous échangions, ne parlions pas, je l'aimais.

5 Ma grand-mère avait les cheveux longs, gris, en chignon. Elle était belle et gracieuse. C'était une grande dame. Elle gardait toujours son calme, mais elle était têtue et ne faisait que ce qu'elle voulait.

Exercices p. 53

1 1. Nous réussissons, je réussissais – 2. Nous offrons, ils offraient – 3. Nous nous sentons, elle se sentait.

2 2. Je venais, je l'appréciais – 3. Ils vieillissaient, ils devenaient – 4. Il dormait, il se sentait – 5. Elle grandissait, elle maigrissait.

3 1. Si nous partions – 2. Si vous veniez – 3. Si tu lui écrivais – 4. Si on prévenait.

4 Son père tenait, qui était, les acteurs venaient, ils se réunissaient, ils avaient, on ne leur servait, ils sortaient, et revenaient, ils dînaient, ils plaisantaient, ils racontaient, ils ouvraient, ils en offraient, ils ne partaient pas, j'étais, c'était, je mourais, je rentrais, il n'y avait, je m'endormais, mes voisins partaient.

5 Mes frères et moi, quand nous étions petits, la veille de Noël, nous nous endormions tard. Tôt le lendemain matin, nous réveillions nos parents et tous ensemble nous ouvrions les cadeaux. Nos parents étaient très généreux : ils nous offraient trois cadeaux chacun. Nous sortions ensuite dans le jardin pour nous amuser avec nos nouveaux jouets.

Exercices p. 55

1 1. Nous sourions, vous souriiez – 2. Nous lisons, nous lisions – 3. Nous apprenons, j'apprenais – 4. Nous entendons, on entendait.

2 J'écrivais, je leur disais, tout allait, je me sentais, je ne riais pas, les gens faisaient, je ne comprenais pas, ils disaient, je me perdais, la vie n'était pas.

3 1. Vous vendiez – 2. On attendait – 3. Elle se plaignait – 4. Les autorités craignaient – 5. Vous n'appreniez rien.

4 Elle dépendait plus de son mari : elle ne conduisait pas, elle n'avait pas son propre compte en banque. Elle ne sortait pas seule le soir, elle n'allait pas seule au cinéma, elle ne prenait pas l'avion seule. Elle faisait la vaisselle : elle ne se servait pas de machines pour se faciliter la vie. Elle ne pouvait pas exercer toutes les professions qu'elle voulait.

5 En 1900, les femmes en France n'avaient pas le même enseignement que les hommes et elles ne pouvaient pas exercer beaucoup de professions. Elles ne votaient pas, elles ne pouvaient pas ouvrir un compte en banque sans l'autorisation de leur mari et elles n'avaient pas l'autorité parentale.

1 1. Nous vivons, ils vivaient – **2.** Nous mettons, tu mettais – **3.** Nous nous taisons, vous vous taisiez – **4.** Nous connaissons, elle connaissait.

2 1. Je vivais à Paris. – **2.** Je ne me battais jamais avec les autres enfants. – **3.** Je me mettais rarement en colère. – **4.** Je ne croyais plus au Père Noël.

3 Il était déprimé. Son travail ne lui plaisait pas et il se plaignait de ses collègues. Il ne prenait pas de cours de yoga, il ne se distrayait pas, il ne sortait pas beaucoup, il ne connaissait pas ses voisins, il ne suivait pas de thérapie. Il vivait mal !

4 J'attendais, je ne savais pas, je faisais, je ne connaissais pas, le décor changeait, je me trouvais, je voyais, elle avait l'air, elle me souriait, je courais, elle disparaissait.

5 J'étais à la terrasse d'un café. Je buvais un jus d'orange. Une femme que je ne connaissais pas me parlait et mettait sur la table une enveloppe, puis disparaissait. J'ouvrais l'enveloppe : je trouvais une dizaine de billets de 50 euros et un mot qui disait : « Bravo ! ».

Exercices p. 59

1 1. Nous nous revoyons, vous vous revoyiez – **2.** Nous nous asseyons, tu t'asseyais, nous nous assoyons, nous nous assoyions – **3.** Nous recevons, ils recevaient – **4.** Nous nous apercevons, elle s'apercevait.

2 Vous vous voyiez, nous ne nous voyions, je voyais, on se voyait, lui et ses amis voyaient, ses parents ne voyaient pas.

3 Elle s'asseyait dans la zone fumeur, ils recevaient des lettres, un dollar valait 1,20 euros, on prévoyait de partir une semaine.

4 Je m'asseyais, (je) regardais, je voyais, il pleuvait, tout était, on apercevait, ce paysage m'émouvait.

5 Il pleuvait, elle cheminait, j'en avais, elle avait, je ne perdais pas.

Chapitre 3 – Le passé composé de l'indicatif

Exercices p. 61

1 1. Nous n'avons pas eu de chance – **2.** Elle n'a pas été absente – **3.** Le soleil n'a pas brillé – **4.** Vous ne m'avez pas remercié – **5.** Nous n'avons pas interrogé notre répondeur – **6.** Tu n'as pas payé la facture.

2 En 1975, il a eu son baccalauréat, de 1976 à 1980, il a été étudiant à Strasbourg, en 1980, il a eu son diplôme d'ingénieur, de 1981 à 1982, il a été stagiaire à Paris, en 1983, il a eu son premier poste en entreprise.

3 Hier soir, j'ai regardé la télévision. Nous avons mangé tard. J'ai lavé la vaisselle et ma sœur a essuyé la vaisselle. Ensuite, j'ai téléphoné à mes amis, nous avons parlé jusqu'à minuit. J'ai invité des copains à venir chez moi dimanche. Mes parents ont joué au Scrabble et ma mère a gagné la partie.

4 Des milliers d'étudiants ont manifesté. Ils ont marché à travers la ville et ont pique-niqué sur les trottoirs. Ils ont scandé des slogans contre la réforme de l'éducation. La police a essayé de les arrêter. La manifestation s'est prolongée jusqu'à 17 heures. Cela a été la manifestation la plus importante depuis des années.

5 1. Est-ce que tu as écouté – 2. je les ai achetés – 3. nous avons gagnés – 4. j'en ai mangé.

Exercices p. 63

1 1. Vous avez fini – 2. Nous avons couru – 3. Elle a ouvert – 4. Il a recueilli – 5. J'ai obtenu – 6. Ils ont acquis.

2 1. Tu as obtenu, tu as réussi ! – 2. Ils ont ouvert, ils ont découvert – 3. Nous avons cueilli, nous avons laissé – 4. J'ai fini, j'ai servi – 5. Vous avez fini, vous avez acquis.

3 1. Oui, j'ai couru pendant une heure. – 2. Oui, il a appartenu à ma grand-mère. – 3. Nous leur avons offert une raquette de tennis. – 4. Non, ils ont dormi à l'hôtel.

4 Nous avons retenu, vous les avez retenus – vous avez réfléchi, j'y ai réfléchi – Patrick a soutenu, est-ce qu'il l'a soutenue – tu as obtenu, j'en ai obtenu.

5 Elle a ouvert, elle a découvert, elle a couru, les policiers l'ont mal accueillie, elle leur a expliqué, elle a senti, elle leur a menti.

6 1. Chantal a vieilli – 2. Mon oncle a acquis – 3. Tout le monde nous a accueillis – 4. Son intelligence a conquis.

Exercices p. 65

1 1. Elles ont lu – 2. Tu as écrit – 3. Il a conduit – 4. Nous avons souri – 5. On a dit – 6. Vous avez élu.

2 1. Oui, j'ai déjà lu des poèmes en français. – 2. Non, je n'ai jamais traduit de textes en latin. – 3. Oui, j'ai déjà signé une pétition. – 4. Oui, il m'en a prescrit. – 5. Non, je n'ai jamais conduit un camion.

3 1. Les spectateurs ont ri – 2. Vous n'avez pas dit – 3. Nous avons conduit – 4. Tu n'as pas relu – 5. As-tu écrit ?

4 1. mes parents ont construite – 2. qui vous a souri – 3. Nous avons traduites – 4. l'organisateur a inscrit.

5 le comité a élu un président, les étudiants ont élu un représentant, le journaliste a contredit le président, l'architecte a construit un centre commercial, les étudiants ont construit une salle de sport, les employés ont élu un représentant, les étudiants ont contredit le président, les autorités ont interdit la réunion, la police a interdit la manifestation…

Exercices p. 67

1 1. attendu – 2. résolu – 3. répondu – 4. pris – 5. rejoint – 6. perdu – 7. cousu – 8. vendu – 9. éteint

2 1. Tu n'as pas compris – 2. tu n'as pas pris – 3. nous n'avons pas attendu – 4. je n'ai pas répondu – 5. ses parents n'ont pas résolu – 6. Joëlle n'a pas cousu.

3 1d. Avez-vous entendu – 2c. As-tu répondu – 3b. A-t-il attendu – 4a. Avez-vous pris.

4 1. On a entendu – 2. J'ai cousu – 3. Ce couple a résolu – 4. Claude a surpris, il a rejoint – 5. Picasso n'a pas peint.

5 Elle n'a pas pris, elle n'a pas répondu, elle n'a pas fait, elle n'a pas appris, elle n'a pas rejoint, elles n'ont pas pris.
Elles n'ont pas discuté, elles n'ont pas lu ensemble le programme des cinémas, elles n'ont pas choisi un film à voir…

Exercices p. 69

1 1. Il a plu – 2. J'ai soustrait – 3. Ils ont cru – 4. Tu as fait – 5. On a bu – 5. Nous avons satisfait.

2 1. Nous avons mangé, nous avons bu – 2. La pièce m'a plu, les décors m'ont déplu – 3. J'ai douté, je n'ai pas cru – 4. On a ajouté, on a soustrait – 5. Ils ont détruit, ils ont fait.

3 1. Virginie a fait des courses – 2. Jacques a fait réparer sa voiture – 3. Antoine et Guirec ont fait du sport – 4. Elise et moi avons fait une fête – 5. vous avez fait hier ?

4 Tu as cru, il a proposé, j'ai cru, tu as fait, nous l'avons cru, ses exagérations nous ont déplu, il a fait, tout le monde a cru.

5 1. Ce spectacle m'a déplu – 2. Nous avons soustrait – 3. Il a distrait – 4. les médecins ont extrait.

6 Hier il a fait beau et chaud sur toute la France à l'exception de l'Est où il a fait mauvais. Il a fait 25° à Paris.

Exercices p. 71

1 1. Ils ont suivi – 2. Il a conclu – 3. Elle a connu – 4. Nous avons vécu – 5. J'ai mis – 6. Vous avez convaincu.

2 1b. il a pris – 2c. ils ont conclu – 3f. elle a vécu – 4e. le professeur en a exclu – 5d. tu as interrompu – 6a. personne ne vous a permis.

3 1. Les Français ont suivi, ils ont vécu, leur équipe a vaincu – 2. L'article est paru, l'entreprise n'a pas accru, le PDG a commis, (il) n'a pas reconnu, il a compromis.

4 On a remis son dossier, ils ont émis un avis sur lui, ils ont transmis, celui-ci l'a examiné et a soumis Claude, ses réponses ont satisfait, Claude a promis, il a été admis.

5 J'ai mis une petite annonce dans le journal. Une entreprise m'a contacté et m'a soumis à un entretien, puis on a transmis mon dossier au directeur du personnel. J'ai eu un deuxième entretien. On m'a promis de me donner une réponse rapide. Quinze jours plus tard j'ai obtenu le poste.

Exercices p. 73

1 1. Nous avons pu – 2. Il a plu – 3. Tu as su – 4. J'ai reçu – 5. Elle a voulu – 6. Ils ont dû – 7. On a vu – 8. Vous avez prévu.

2 1. Tu n'as pas pu, tu n'as pas vu – 3. Ils n'ont pas voulu, il a fallu – 4. Nous n'avons pas pu, nous n'avons pas su – 5. On n'a pas pu, on n'a pas reçu.

3 1. Tu as dû – 2. Il n'a pas plu – 3. Ils n'ont pas pu – 4. Il a fallu – 5. Sa remarque m'a ému(e).

4 1. Parce que je n'ai pas su répondre aux dernières questions. – 2. Parce que je n'ai pas pu : je n'ai plus d'argent. – 3. Parce que je ne l'ai pas vu.

5 Je n'ai pas vu, j'ai essayé, personne n'a répondu, j'ai voulu, je n'ai pas pu, j'ai eu, tu n'as pas su, elle a dû, elle a eu, elle n'a pas pu, nous l'avons su, nous avons vue.

6 L'autre jour j'ai oublié mes clés dans mon appartement : je n'ai donc pas pu ouvrir la porte. Comme j'habite au rez-de-chaussée, j'ai voulu passer par la fenêtre. Mon voisin a voulu m'aider, mais il n'a pas pu casser la vitre et finalement il a fallu appeler un serrurier.

Exercices p. 75

1 1. Nous sommes arrivés – 2. tu es allée – 3. Je suis parti(e) – 4. Elle est née – 5. Ils sont sortis – 6. Elles sont retournées.

2 Il a eu une enfance heureuse, il a passé son baccalauréat en juin 1983, il est parti en Inde en septembre 1983, il est tombé malade en janvier 1984, il est rentré en France en mai 1984, il est entré à Sciences Po en octobre 1984 et il en est sorti en juin 1986.

3 1d. Nous sommes montés – 2a. nous avons monté – 3b. vous êtes retourné – 4e. vous avez retourné – 5f. Tu as rentré – 6c. Tu es passé.

4 1. Ils sont entrés, ils ont sorti – 2. Elles sont arrivées, elles sont reparties – 3. Elle a sorti, elle les a montés – 4. Nous sommes passés, nous sommes arrivés – 5. On a passé, on est rentré(s).

5 Je suis née en Bretagne. J'ai eu une adolescence difficile : je suis tombée malade à 15 ans. Je suis partie dans un centre pour me soigner et j'y suis restée 2 ans. Puis je suis rentrée chez mes parents. J'ai eu beaucoup de difficultés à recommencer mes études et finalement je n'ai pas passé mon baccalauréat.

Exercices p. 77

1 1. Il est venu – 2. Elle est devenue – 3. Il est mort – 4. Ils sont descendus – 5. Vous êtes revenu(e)(s) – 6. Tu as prévenu.

2   **1.** Pierre et Marie sont venus, Non, ils ne sont pas venus – **2.** Les filles sont descendues, Non, elles ne sont pas descendues – **3.** Cette actrice est devenue, Non, elle n'est pas devenue – **4.** Vous êtes revenus, Non, nous ne sommes pas revenus – **5.** Indira Gandhi est morte, Non elle n'est pas morte en 1992.

3   **1.** Je suis venu(e) chercher mes photos – **2.** Nous sommes descendu(e)s – **3.** Michèle est revenue – **4.** Les enfants sont devenus raisonnables – **5.** En 1980, il est mort dans un accident – **6.** Vous n'êtes pas parvenu(e)(s) à le joindre ?

4   La navette spatiale est redescendue sur la terre, un SDF est devenu milliardaire, 1 500 Français sont morts dans des accidents de la route, le Premier ministre est intervenu dans les négociations, les lycéens sont descendus dans la rue, les syndicats sont parvenus à un accord.

5   Mon patron est parti une semaine aux États-Unis. Il est revenu satisfait : notre groupe a obtenu d'excellents résultats. Il a félicité tous les employés et a promis une augmentation prochaine. J'ai invité toute ma famille dans un bon restaurant pour fêter cette bonne nouvelle.

Exercices p. 79

1   **1.** Nous nous sommes réveillé(e)s. Nous ne nous sommes pas réveillé(e)s. **2.** Elle s'est habituée. Elle ne s'est pas habituée. **3.** Le bus s'est arrêté. Le bus ne s'est pas arrêté. **4.** Ils se sont assis. Ils ne se sont pas assis. **5.** Je me suis perdu(e). Je ne me suis pas perdu(e).

2   Elle s'est levée, (elle) s'est préparé, elle s'est lavé, elle s'est brossé, il s'est rasé, (il) s'est habillé, ils se sont dépêchés, ils se sont arrêtés, ils se sont acheté, elle s'est précipitée, elle est tombée, elle s'est cassé.

3   **1.** Elle s'est perdue COD, elle s'est crue COD – **2.** Ils se sont rencontrés COD, ils se sont souri COI – **3.** Nous nous sommes trompés COD, nous nous sommes excusés COD – **4.** Ils se sont battus COD, ils se sont parlé COI – **5.** Elle s'est fait mal COI, elle s'est soignée COD.

4   Nous nous sommes vus, nous nous sommes plu, nous nous sommes aimés, nous nous sommes séparés, on s'est revu(s), on s'est reconnu(s), on s'est connu(s), on s'est reconnu(s), on s'est retrouvé(s), on s'est aimé(s).

Chapitre 4 – Le plus-que-parfait de l'indicatif

Exercices p. 81

1   **1.** Il avait été – **2.** J'avais eu – **3.** Ils avaient fait – **4.** Tu étais allé – **5.** Vous étiez venus – **6.** Nous l'avions jeté.

2   **1.** J'avais été – **2.** n'avaient pas eu – **3.** Tu n'avais pas été – **4.** Vous aviez eu.

3 1. Elle avait faits – **2.** Nous étions allés – **3.** Nous n'étions pas venu(e)s **4.** Elles avaient faits – **5.** Je n'étais jamais montée – **6.** Ils étaient tombés.

4 1. Je m'étais levé(e) – **2.** J'étais passé(e) – **3.** J'avais acheté – **4.** J'avais payé – **5.** J'avais appelé – **6.** Je m'étais renseigné(e) – **7.** J'avais vérifié.

5 1. Ils avaient gagné la finale : ils étaient champions du monde. – **2.** Elle avait nagé toute la journée : elle était morte de fatigue. – **3.** Ils s'étaient déguisés en monstres : ils faisaient peur à tout le monde. – **4.** J'avais beaucoup travaillé : je me reposais. – **5.** Ils s'étaient mariés : ils passaient leur lune de miel au soleil.

Exercices p. 83

1 elle avait couru, Marion était venue, elles étaient sorties, Marion avait tenu, elle n'était pas parvenue.

2 **1.e.** ce qu'elle avait écrit un an plus tôt – **2.d.** parce que mon réveil n'avait pas sonné – **3.a.** il avait déjà dîné – **4.f.** nous avions tout préparé – **5.b.** je t'avais prévenu – **6.c.** les voleurs s'étaient enfuis.

3 1. Quand elle avait ouvert les fenêtres, elle apercevait la montagne au loin. – **2.** Dès que nous avions fini le repas, nous regardions la télévision. – **3.** Une fois qu'ils avaient accueilli le groupe, ils faisaient visiter la ville. – **4.** Quand il avait bien dormi, il était de bonne humeur.

4 1. Il était venu – **2.** Tu t'étais souvenu(e) – **3.** Nous avions découvert – **4.** Ils n'avaient pas menti – **5.** Vous aviez recueilli – **6.** J'étais sorti(e).

Exercices p. 85

1 1. On avait interdit – **2.** Elle s'était inscrite – **3.** Il avait mis – **4.** Ils avaient vendu – **5.** Vous étiez nés – **6.** Tu t'étais battu.

2 1. Tu avais pris – **2.** J'avais cru – **3.** Elle avait promis – **4.** Vous aviez appris – **5.** Ils avaient dit – **6.** Nous nous étions plaints – **7.** La maison lui avait plu.

3 je n'avais jamais vécu, je n'avais pas entendu, je n'avais jamais conduit, je n'avais pas suivi, je n'avais pas lu, je n'avais pas vu.

4 1. Elle avait perdu son porte-monnaie – **2.** Nous avions trop bu – **3.** Il avait attendu pendant 2 heures – **4.** Ils avaient résolu tous leurs problèmes – **5.** On avait éteint toutes les lumières – **6.** Tu avais disparu sans rien dire.

Exercices p. 87

1 1. Je croyais qu'on avait pu le joindre – **2.** Je croyais qu'il l'avait vu – **3.** Je croyais que vous aviez dû y assister – **4.** Je croyais qu'elle s'en était aperçue – **5.** Je croyais qu'il l'avait reçu – **6.** Je croyais que tu l'avais conçu tout seul.

2 1. Tu avais pu – **2.** Si vous aviez dû – **3.** Il n'avait pas plu – **4.** Nous nous étions revus – **5.** Ils avaient voulu – **6.** Il avait fallu – **7.** Elle avait su.

3 j'avais su, j'avais voulu, je m'étais assise, les enfants m'avaient interrompue, je n'avais pas pu, il avait plu, ils avaient sali, j'avais dû, je m'étais aperçue, il avait fallu, l'éditeur qui mes les avait envoyées, je ne les avais reçues, je m'étais endormie.

4 Ce jour-là, nous avions voulu passer deux jours de vacances sur l'île de Porquerolles. Nous avions pu réserver une chambre dans le seul hôtel de l'île. Nous étions partis de Nice tôt le matin et avions vu que le ciel était couvert, mais pensions que le temps allait se lever. Hélas ! Arrivés à l'embarcadère où nous devions prendre le bateau, nous avions dû renoncer à nos projets car il pleuvait trop fort et la mer était si déchaînée que tous les bateaux étaient annulés. Il avait fallu rentrer à Nice sous une pluie battante.

Chapitre 5 – Le futur de l'indicatif

Exercices p. 89

1 1. Ils seront – 2. J'aurai – 3. Nous irons – 4. Tu viendras – 5. Il fera – 6. Elle n'ira pas – 7. Elles ne viendront pas – 8. Vous ne serez pas.

2 1. J'aurai – 2. Elle sera – 3. Nous aurons – 4. Ils iront – 5. Vous viendrez – 6. Tu feras – 7. Il fera.

3 1d. Tu viendras, nous te ferons – 2c. J'aurai, je ferai – 3e. Vous viendrez, nous irons – 4b. Il sera, il aura – 5f. On aura, on fera – 6a. Ils auront, ils nous le feront.

4 1. Nous irons à la montagne, je serai avec mes amis, j'aurai de nouveaux skis et on fera du ski pendant des heures. – 2. Il aura 15 jours de vacances, il sera libre pour nous aider, il fera du bricolage dans la maison et il ira avec nous voir grand-mère. – 3. Elle n'aura plus jamais de petit ami, elle n'ira pas au Club Méditerranée comme prévu, elle ne viendra pas nous voir, elle ne fera plus de projets. – 4. Est-ce que tu seras libre ? Est-ce que tu viendras avec nous ou est-ce que tu iras seule ?

5 J'aurai 15 jours de vacances. J'irai au Canada avec des amis. Je serai heureuse de découvrir ce pays. Je ferai du bateau et des randonnées.

Exercices p. 91

1 1 nous pourrons, je pourrai – 2. Il voudra, elles voudront – 3. Tu devras, nous devrons – 4. Il faudra – 5. Vous saurez, tu sauras – 6. Ils pourront, elle pourra.

2 1. vous voudrez, vous devrez – 2. je saurai, je pourrai – 3. il sera, il faudra nous le dire.

3 vous devrez, vous pourrez, Maryse voudra, il faudra, vous voudrez, elle saura, elle pourra, je ne pourrai pas, vous devrez.

4 *J'espère que dans le futur on* saura limiter la pollution et qu'on aura plus de respect pour la Nature. Il faudra enseigner l'écologie à l'école. On devra utiliser les énergies renouvelables et réduire nos déchets. On pourra, j'espère, réparer nos erreurs passées.

Exercices p. 93

1 1. Il aimera – **2.** Je passerai – **3.** Nous nous amuserons bien – **4.** Vous ne bougerez pas – **5.** Ils emploieront – **6.** tu nettoieras – **7.** Je l'enverrai – **8.** Elle appellera.

2 1. Je parlerai, j'essayerai / j'essaierai – **2.** On se retrouvera, on jouera – **3.** Vous resterez, nous bavarderons – **4.** Ils créeront, on leur donnera – **5.** Je rédigerai, je lui enverrai – **6.** Il enverra, on la payera / paiera – **7.** Nous appellerons, nous lui expliquerons – **8.** Tu t'arrêteras, tu le remercieras – **9.** Il ne s'ennuiera pas, il étudiera.

3 Nous louerons une petite maison. On s'installera progressivement : on décorera la maison très simplement avec des meubles modernes et nous l'aménagerons à notre goût. Nous inviterons souvent nos amis et nous organiserons des fêtes. Et de temps en temps on voyagera à l'étranger.

4 J'irai, je laisserai, je ne parlerai pas, je ne penserai rien, l'amour infini me montera, j'irai.

Exercices p. 95

1 1. J'emmènerai – **2.** Elle ne se lèvera pas – **3.** Nous n'achèterons rien – **4.** Il préférera – **5.** Ils gèleront – **6.** Tu enlèveras – **7.** Ils s'inquiéteront – **8.** Elles n'adhéreront pas.

2 1. J'achèterai, je les sèmerai, je les arroserai, nous achèterons, nous sèmerons, nous les arroserons – **2.** Tu emmèneras, nous nous promènerons, vous emmènerez, vous vous promènerez – **3.** Elle achètera, elle en congèlera, elles achèteront, elles en congèleront.

3 1d. on lui achètera – **2f.** il vous harcèlera – **3b.** vous achèverez – **4a.** j'enlèverai – **5c.** ils sèmeront – **6e.** tu l'emmèneras.

4 Tu achèteras, tu décongèleras, tu pèleras, tu enlèveras, la pâte sera, tu mélangeras, tu verseras, tu mettras, tu parsèmeras.

Exercices p. 97

1 1. Ils partiront – **2.** Nous nous servirons – **3.** Il reviendra – **4.** Nous dormirons – **5.** Tu ouvriras – **6.** Je cueillerai.

2 1. Nous le finirons – **2.** Il le lui offrira – **3.** On partira – **4.** Ils viendront – **5.** Je m'en servirai.

3 1. Si elle part, il/elle mourra de tristesse. – **2.** Si on cherche bien, on découvrira la vérité. – **3.** Si tu travailles bien, tu sortiras ce week-end. – **4.** Si vous changez d'avis, vous me préviendrez ? – **5.** Si je note la date, je me souviendrai du rendez-vous. – **6.** Si nous nous entraînons bien, nous courrons le marathon. – **7.** S'ils étudient sérieusement, ils réussiront l'examen.

4 Nous tiendrons, nous accueillerons, qui le désireront, ils rempliront, ils viendront, se sentiront, on tiendra.

5 Ils arriveront vers 8 heures, je les accueillerai et leur ferai visiter notre nouvelle maison. Puis nous leur offrirons l'apéritif, nous discuterons un moment et nous passerons à table. Nous dînerons aux chandelles. Le repas sera simple : je leur servirai un lapin à la provençale. Je suis sûre qu'on ne sortira pas de table avant minuit et qu'ils ne partiront pas avant une ou deux heures du matin. Je m'endormirai fatiguée, mais heureuse.

Exercices p. 99

1 1. Nous attendrons – 2. Ils liront. – 3. Vous boirez. – 4. Je convaincrai. – 5. Tu repeindras – 6. On dira – 7. Il mettra. – 8. Nous nous inscrirons.

2 1. Tu conduiras, je conduirai – 2. Tu m'écriras, je t'écrirai – 3. Tu liras, je lirai – 4. Tu diras, je dirai – 5. Tu prendras, je prendrai.

3 1. Quand vous entendrez le réveil, vous vous lèverez. – 2. Quand vous irez là-bas, vous ne vous perdrez pas. – 3. Quand on gagnera, on boira du champagne. – 4. Quand il vivront en Chine, ils apprendront le chinois. – 5. Quand tu sortiras, tu mettras les clés sous le pot de fleurs.

4 1. Je croirai d'abord que c'est une plaisanterie. Je ne répondrai pas immédiatement, je prendrai mon temps : je lirai le scénario, je prendrai des renseignements sur les conditions du tournage et peut-être que je dirai oui ! – 2. D'abord je me tairai. S'il est sympathique, je lui répondrai, sinon, je lui dirai de me laisser tranquille et je descendrai à la prochaine station. – 3. Je le remettrai au chauffeur de bus et lui dirai de le donner aux objets trouvés. – 4. Je ne dirai pas que je l'ai déjà et je le mettrai dans ma bibliothèque. – 5. Je lirai le message et, pourquoi pas, j'y répondrai et je le remettrai à la mer !

5 Je ferai du sport, je serai toujours optimiste, je verrai plus mes amis.

Exercices p. 101

1 1. Tu verras – 2. Cela vaudra – 3. Nous nous assiérons / nous nous assoirons – 4. Vous les recevrez – 5. Ils s'apercevront.

2 1b. vous verrez, ils ne s'apercevront – 2f. Tu te mettras ici, ils s'assiéront / s'assoiront – 3e. il pleuvra, il faudra – 4a. je le ferai, je ne te décevrai pas – 5f. Nous l'enverrons, vous le recevrez.

3 On verra, ce qui se passera, il recevra, il verra, il vaudra, il s'apercevra, il voudra… ou bien il ne voudra plus jamais la revoir… Ils ne se reverront plus pendant un an, mais un jour il la reverra par hasard chez des amis. Ils s'apercevront qu'ils s'aiment toujours mais ils ne voudront pas faire le premier pas… Finalement il faudra les pousser dans les bras l'un de l'autre !

4 tu recevras, il te faudra, tu auras, tu t'assiéras / t'assoiras, tu t'apercevras, tu ne pourras plus, tu devras, tu voudras, cela vaudra-t-il la peine de continuer ta carrière ?

Chapitre 6 – Le futur antérieur de l'indicatif

Exercices p. 103

1 1. Il a été malade, Il aura été malade – **2.** Elles ont eu une panne, Elles auront eu une panne – **3.** Ils ont fait des courses, Ils auront fait des courses – **4.** Tu es allé(e) à la plage, Tu seras allé(e) à la plage – **5.** Il est devenu fou, Il sera devenu fou.

2 1. J'aurai fait des réservations d'ici samedi, je vous tiendrai au courant de mon heure d'arrivée. – **2.** Nous serons tous allés voir la pièce avant le 15, nous pourrons en discuter en classe. – **3.** Elle sera rentrée avant 18 heures, elle aura le temps de préparer le dîner. – **4.** Ils se seront renseignés d'ici deux jours, ils prendront alors une décision.

3 1. Dès qu'elle aura commencé – **2.** Quand ils se seront décidés – **3.** Lorsque j'aurai acheté – **4.** Tant que tu n'auras pas payé – **5.** Quand elle se sera habituée.

4 1. quand j'aurai beaucoup étudié. – **2.** quand j'aurai gagné plus d'argent. – **3.** quand les hommes auront arrêté de se battre. – **4.** quand on aura trouvé des vaccins.

Exercices p. 105

1 1. Elle aura agi / elle n'aura pas agi – **2.** Ils se seront souvenus / ils ne se seront pas souvenus – **3.** J'aurai menti / je n'aurai pas menti – **4.** Il l'aura découvert / il ne l'aura pas découvert – **5.** Nous serons revenu(e)s / nous ne serons pas revenu(e)s.

2 1. elle aura fini – **2.** j'aurai couru – **3.** vous aurez réfléchi – **4.** il ne se sera pas enrichi – **5.** le bébé aura dormi.

3 1. nous aurons choisis – **2.** je n'aurai pas saisie – **3.** il aura investies – **4.** ils auront établis – **5.** elle sera… partie – **6.** on… aura cueilli.

4 1. grand-mère sera guérie – **2.** grand-père sera revenu – **3.** Isabelle et Chris auront réussi – **4.** Éric se sera assagi – **5.** les jumeaux auront grandi.

5 … je serai devenu riche. J'aurai ouvert trois nouvelles succursales et j'aurai acquis une réputation internationale. J'aurai parcouru le monde et j'aurai découvert la femme de mes rêves.

Exercices p. 107

1 1. Il aura répondu. – **2.** Vous aurez mis. – **3.** Elle sera descendue. – **4.** Vous vous serez perdu(e)(s). – **5.** Tu te seras inscrit(e). – **6.** J'aurai vécu. – **7.** Ils se seraient battus. – **8.** Nous aurons lu.

2 1.d. ils auront répondu – 2.e. l'enfant sera né – 3.a. nous les aurons convaincus – 4.f. il aura bu – 5.b. j'aurai compris – 6.c. tu te seras inscrit

3 1. elle l'aura écrite – **2.** vous aurez vécues – **3.** j'aurai résolu – **4.** tu auras lus – **5.** je n'aurai pas connus – **6.** je l'aurai recousue.

4   **1.** écrira-t-elle à ses parents ? Elle écrira, elle aura pris une décision – **2.** signerez-vous le contrat ? Je le signerai, j'aurai conclu l'affaire – **3.** ferez-vous une fête ? Nous ferons une fête, nous aurons repeint l'appartement.

Exercices p. 109

1   **1.** Elle aura dû oublier ? Ils auront dû se perdre. – **2.** Quand j'aurai pu le contacter… Aura-t-il pu arriver à temps ? – **3.** Elle l'aura su, c'est sûr. Ils l'auront su – **4.** Il s'en sera aperçu ! Je m'en serai aperçu !

2   **1.** elle n'aura pas pu nous rejoindre – **2.** ils les auront vus hier – **3.** elle se sera posée la question – **4.** il l'aura su par sa sœur – **5.** elles auront tout prévu. – **6.** elle aura oublié.

3   **1.** j'aurai pu – **2.** elle aura reçu – **3.** qu'il aura plu – **4.** nous aurons vu – **5.** ils se seront aperçus.

4   **1.** vous l'aurez vu – **2.** elle se sera aperçue qu'elle l'a oublié – **3.** ils se seront assis – **4.** je l'aurai reçue.

5   Victor aura laissé la porte ouverte, des cambrioleurs seront rentrés dans la maison ; ils auront vu que la maison était vide ; ils auront fouillé partout et seront repartis avec les objets volés

Chapitre 7 – Le passé simple de l'indicatif

Exercices p. 111

1   **1.** elle fut – **2.** nous eûmes – **3.** je ne pus – **4.** ils ne surent pas – **5.** il fallut – **6.** ils voulurent – **7.** il fit – **8.** elles vinrent – **9.** nous dûmes.

2   **1.** Elle fut mariée, Elle eut, elle fut – **2.** L'ennemi put, ils ne surent pas, ils durent – **3.** François Ier fut, Ses armées purent, ce fut, vinrent.

3   Molière fit ses études au collège de Clermont de 1636 à 1642. Il eut très vite une passion pour le théâtre. En 1658, il vint s'installer à Paris. Il eut beaucoup de problèmes avec la censure. En 1664, les autorités firent interdire *Tartuffe*. Dans cette pièce, il voulut combattre l'hypocrisie religieuse. Il eut des problèmes de santé et il lui fallut les régler. Il eut des problèmes d'argent et il dut aller en prison pour dettes. *Le Malade imaginaire* fut son dernier succès. Il ne put en donner que quatre représentations.

4   Frédéric Chopin naquit en 1810 en Pologne. À l'âge de six ans, Frédéric commença à prendre des leçons de piano. Enfant prodige, très doué pour l'improvisation, il donna son premier concert à 8 ans. Il ne tarda pas à devenir célèbre et se fit connaître en interprétant ses propres œuvres. Il mourut en 1849.

Exercices p. 113

1 1. Ils... coupèrent – **2.** Nous nous reposâmes -**3.** Elle s'en alla – **4.** Je m'ennuyai – **5.** Elles... cherchèrent – **6.** Vous... lançâtes.

2 1. Il avança, il nous salua, il commença – **2.** nous nous promenâmes, nous nous arrêtâmes – **3.** Ils envoyèrent, je négligeai, j'oubliai, Ils entrèrent, Cet incident créa – **4.** il arriva, Il essaya, Il lança, il l'appela.

3 1. Frédéric se présenta, Elle cria, elle l'embrassa, remercia, tutoya, voulut – **2.** On m'apporta, ce qui m'arracha, On m'apporta, je... versai – **3.** le maire... distribua, Louis XVI arriva, donnèrent, Cette... cocarde symbolisa.

Exercices p. 115

1 1. Ils moururent – **2.** Elle finit – **3.** Nous ouvrîmes – **4.** Il se souvint.

2 1e. Elle courut – **2d.** Il mourut – **3b.** je dormis – **4a.** Elle rougit – **5f.** Je souffris – **6c.** Il s'enfuit.

3 1. Les villageois accueillirent les réfugiés – **2.** Elle souffrit de la chaleur torride – **3.** Ils s'endormirent au petit matin – **4.** Les pompiers secoururent les victimes – **5.** Nous partîmes sans un regret.

4 1. conquirent, bâtirent – **2.** accourut – **3.** découvrirent – **4.** partirent, revinrent – **5.** sortit.

5 eurent, se servirent, courut, réussit, obtint.

6 L'armistice fut signé le 11 novembre 1918. La peine de mort fut abolie en France en 1981.

Exercices p. 117

1 1. Ils dirent – **2.** Elle naquit – **3.** Nous résolûmes – **4.** Nous attendîmes – **5.** Il lut – **6.** Ils vécurent.

2 1. Elle dit oui sans hésiter. – **2.** Ils détruisirent toute la ville. – **3.** J'écrivis à ma famille. – **4.** Il connut de grandes joies. – **5.** Nous répondîmes tous ensemble. – **6.** Léonard de Vinci peignit *La Joconde*. – **7.** Elle se perdit dans la foule. – **8.** Ils burent à la santé du roi de France.

3 Augustin suivit, Il l'entendit, Il ne comprit pas, il crut, Il attendit, il mit, il sortit, il disparut.

4 Le prince arriva au galop. Il descendit de son cheval et s'approcha de la princesse endormie. Il la prit dans ses bras. Elle ouvrit soudain les yeux et lui sourit. Ils repartirent tous deux vers le château. Un mois plus tard, ils se marièrent. Ils connurent un bonheur sans nuages. Ils eurent des enfants et vécurent heureux jusqu'à la fin de leurs jours.

5 Un jour, un pauvre pêcheur crut voir sur le fleuve un berceau. Il s'approcha et prit le bébé dans le berceau. Il le mit dans sa barque et l'emmena chez lui. Il résolut de ne jamais en parler. Le roi chercha son fils dans tout le royaume. Le temps passa. L'enfant grandit. Le jour de ses 15 ans, un oiseau vint et lui dit : « L'heure est venue de te mettre en route. Il te faut retrouver ton vrai père car le pêcheur n'est pas ton père. » Une force soudaine naquit en lui. Il se leva et se prépara au voyage…

Exercices p. 119

1 **1.** Nous avons vu / Nous vîmes ; Elle a vu / Elle vit – **2.** Il s'est assis / Il s'assit ; Ils se sont assis / Ils s'assirent – **3.** Il a plu / Il plut – **4.** Ils ont reçu / Ils reçurent ; Elle a reçu / Elle reçut – **5.** Je me suis aperçu(e) / Je m'aperçus ; Ils se sont aperçus / Ils s'aperçurent.

2 Je vis, j'aperçus, Il fallut, je fis, Les soldats n'eurent pas, Nous reçûmes, des centaines… moururent, Ce fut un désastre qui me valut, Il conçut, Je dus.

3 grimper, nous avons grimpé – faire, nous avons fait – aller, nous sommes allés – ouvrir, nous avons ouvert – paraître, il a paru – se mettre, nous nous sommes mis – lire, nous avons lu – relire, nous avons relu.

Chapitre 8 – Le passé antérieur de l'indicatif

Exercices p. 121

1 **1.** Nous eûmes été – **2.** J'eus eu – **3.** Il eut fait – **4.** Elles furent allées – **5.** Vous fûtes venu(e)(s) – **6.** Elle lui eut refusé – **7.** Nous l'eûmes prié – **8.** Ils y eurent songé.

2 **1.** ils eurent été informés – **2.** elle n'eut pas eu – **3.** ils eurent fait – **4.** elle fut revenue – **5.** je fus arrivé(e) – **6.** vous eûtes déjeuné – **7.** il eut évoqué – **8.** nous nous fûmes promené(e)s.

3 **1.** qu'il lui eut adressé la parole, elle le toisa avec colère – **2.** nous eûmes oublié l'incident, nous passâmes au salon pour écouter le concert – **3.** ils eurent signé le contrat, il tendit vers eux une main reconnaissante – **4.** qu'ils furent arrivés et entrés, elle se précipita pour les accueillir et les saluer – **5.** qu'elle eut commencé à jouer le requiem, nous fûmes émus aux larmes.

Exercices p. 123

1 **1.** J'ai dormi ; j'eus dormi – **2.** Vous êtes sorti(e)(s) ; vous fûtes sorti(e)(s) – **3.** Il est devenu ; il fut devenu – **4.** Ils sont partis ; ils furent partis – **5.** Nous avons obtenu ; nous eûmes obtenu – **6.** Je me suis souvenu(e) ; je me fus souvenu(e) – **7.** Ils se sont enfuis ; ils se furent enfuis

2   **1.c.** elle eut fini – **2.e.** ils eurent choisi – **3.f.** on eut découvert – **4.a.** ils eurent ouvert – **5.b.** il se fut enrichi – **6.d.** on eut couvert le corps.

3   **1.** Une fois qu'il eut parcouru cette longue distance, ils s'arrêtèrent un moment. – **2.** Lorsqu'elle eut choisi de cesser de se soumettre, son père ne voulut plus la voir. – **3.** Quand vous fûtes parti, elle rangea la maison. – **4.** Quand j'eus dormi quelques heures, je me sentis prête à affronter la réalité. – **5.** Quand elle eut ouvert la lettre, elle comprit tout.

4   **1.** Lorsqu'il se fut senti mieux, il recommença à sortir la nuit régulièrement. – **2.** Une fois qu'ils eurent couvert le corps d'un drap blanc, ils le transportèrent dans la calèche. – **3.** Après qu'il fut mort, elle se rendit compte du rôle qu'il avait joué dans sa vie.

Exercices p. 125

1   **1.** Elle a souscrit, elle eut souscrit – **2.** J'ai écrit, j'eus écrit – **3.** Nous avons lu, nous eûmes lu – **4.** Ils ont bu, ils eurent bu – **5.** Vous vous êtes tu(e)(s), vous vous fûtes tu(e)(s) – **6.** Il s'est perdu, il se fut perdu – **7.** Nous avons suivi, nous eûmes suivi – **8.** J'ai rejoint, j'eus rejoint.

2   **1.** il eut vécu – **2.** j'eus dit – **3.** Paul eut connu – **4.** elle fut née – **5.** elle eut pris.

3   **1.** Une fois qu'il eut mis son chapeau, il prit congé. – **2.** Aussitôt qu'elle eut répondu avec violence, elle regretta son emportement. – **3.** Dès qu'ils eurent appris la nouvelle, ils la répandirent dans la ville. – **4.** Quand il eut lu le contenu de la lettre, il médita pendant des jours.

4   **1.** ils eurent compris qu'ils avaient échoué – **2.** j'eus surpris mon entourage comploter contre moi – **3.** elle eut perdu sa confiance – **4.** nous eûmes interrompu le dialogue.

Exercices p. 127

1   **1.** il eut fallu – **2.** nous eûmes pu – **3.** vous eûtes dû – **4.** il eut voulu – **5.** elles eurent su – **6.** je me fus aperçu – **7.** elle eut reçu – **8.** ils eurent aperçu.

2   **1.d.** il eut plu – **2.f.** ils eurent reçu – **3.e.** elle eut revu – **4.a.** Ils eurent pu – **5.g.** Il se fut assis – **6.b.** Elle eut ému – **7.c.** nous nous fûmes aperçu

3   **1.** Tant que je n'eus pas revu mon frère, je restai enfermé(e) dans ma chambre. – **2.** Dès qu'elle eut perçu la vérité, elle changea d'attitude. – **3.** Après que nous eûmes reçu le message, nous comprîmes le jeu. – **4.** Quand il se fut assis, il commença à expliquer la situation. – **5.** Aussitôt qu'ils se furent aperçus du danger, ils décidèrent de prendre la fuite. – **6.** Une fois qu'elle eut pu se libérer, elle s'empressa de partir.

4   **1.** elle eut entrevu – **2.** je n'eus pas revu – **3.** j'eus vu.

Bilan – Indicatif

1 Je suis timide, j'ai 4 frères et deux sœurs, je vis dans une grande ville, j'apprécie la musique classique, je ne fais pas beaucoup la cuisine, je travaille beaucoup, je ne vais pas souvent au théâtre, j'étudie aussi l'espagnol, je veux voyager, je continue à voir une amie d'enfance, je ne mène pas une vie tranquille, je n'achète pas beaucoup de gadgets, je ne m'ennuie jamais, je ne reçois pas beaucoup d'amis chez moi, je sors assez souvent le soir, je ne me lève pas très tard le week-end.

2 Les Français aiment bien manger. Ils apprécient la bonne cuisine et passent beaucoup de temps à table. Ils sont fiers de leur patrimoine culturel et de leur langue. Ils aiment beaucoup le cinéma et regardent aussi les matches de foot à la télévision. Ils ne parlent pas bien les langues étrangères.

3 naît, Il vient, Sa famille fait, Il passe, Il obtient, Il se proclame, cela provoque, Il part, Il séduit, il fuit, Lui et la jeune femme restent, il reçoit, il peut, Ses amis parisiens et lui jouent, fréquentent, s'enivrent, Il écrit, publie, Il souffre, il devient, les journaux ne veulent pas, il connaît, il publie, ses nouvelles sont, cet écrivain… n'épargne, polémique, le public découvre, les journaux lui ouvrent, le vieux dandy meurt.

4 Avant il y avait des maisons, maintenant il y a des immeubles. Avant il y avait des petits commerces, mais maintenant il y a des supermarchés. Avant les gens téléphonaient dans des cabines téléphoniques, maintenant ils téléphonent avec leur portable. Avant les gens n'écoutaient pas de musique dans la rue, maintenant ils peuvent écouter de la musique partout.
Dans ma rue, avant il y avait beaucoup d'artisans qui travaillaient le bois et fabriquaient des meubles. Maintenant il y a beaucoup de restaurants et des boutiques de vêtements.

5 C'était, La nuit venait, le ciel était, s'assombrissait, Les lampadaires brillaient, Je remontais, On voyait, Il y avait, Paris mangeait, Je foulais, les feuilles… rappelaient, Le ciel se remplissait, on apercevait, Je goûtais, J'étais.

6 1. elle allait, elle est allée – 2. je voyageais, j'ai voyagé – 3. Ils divorçaient, ils ont divorcé – 4. tu exigeais, tu as exigé – 5. elle essuyait, elle a essuyé – 6. vous balayiez, vous avez balayé – 7. j'enlevais, j'ai enlevé – 8. il décédait, il est décédé – 9. elle se blottissait, elle s'est blottie – 10. nous venions, nous sommes venu(e)s – 11. je me travestissais, je me suis travesti(e) – 12. il admettait, il a admis – 13. vous recueilliez, vous avez recueilli – 14. j'acquérais, j'ai acquis – 15. je maintenais, j'ai maintenu – 16. vous compreniez, vous avez compris.

7 1. il s'est endormi – 2. elle s'est interrompue – 3. ils se sont battus – 4. elles se sont plaintes – 5. nous nous sommes convaincu(e)s – 6. je me suis distrait(e) – 7. elle s'est introduite – 8. ils se sont suivis – 9. vous vous êtes revu(e)(s) – 10. tu t'es aperçu(e) – 11. je me suis satisfait(e) – 12. nous nous sommes assis(es).

8   Tous ont ri, je… ai raconté, aucun ne s'est moqué de moi, l'histoire qui m'est arrivée, j'ai vécue, m'a rendu, ai-je dit, une des filles m'a regardée, m'a posé, Je lui ai répondu, Il a disparu, Il n'est jamais revenu.

9   grand-père… avait raconté, il avait combattu, il avait rencontré, ils s'étaient mariés, ils étaient partis, ils avaient créé, Il était devenu, Ils s'étaient adaptés, ils avaient eu, ils étaient revenus.

10   **1.** je verrai – **2.** il saura – **3.** tu répondras – **4.** elle souffrira – **5.** je punirai – **6.** il créera – **7.** nous viendrons – **8.** vous croirez – **9.** ils peindront.

11   Nous partirons, vous arriverez, vous prendrez, le gardien sera, Il faudra, Vous attendrez, vous pourrez, il y aura, Vous devrez, il fera, Aurélien viendra.

12   **1.** Quand il aura rejoint ses amis, ils partiront ensemble en vacances. – **2.** Tant qu'elle n'aura pas présenté ses excuses, il ne voudra pas la revoir. – **3.** Dès que j'aurai fini ce roman, je me mettrai à écrire pour le théâtre. – **4.** Lorsque nous serons arrivé(e)s à l'aéroport, nous louerons une voiture.

13   Charles Baudelaire naquit à Paris le 9 avril 1821. Son père mourut et sa mère se remaria avec un officier. L'enfant prit son beau-père en aversion. Après son baccalauréat, il ne voulut qu'être écrivain. Il fréquenta la jeunesse littéraire du Quartier Latin. Il effraya sa famille par ses aventures et fut envoyé aux Indes. Il revint très vite à Paris. Il se lia avec Jeanne Duval dont il resta l'amant toute sa vie. Il participa au mouvement romantique, joua au dandy et fit des dettes. En 1857, la publication des *Fleurs du mal* fit scandale. Il dut payer une forte amende. De jeunes poètes le soutinrent. Sa santé commença à se dégrader. Il souffrit de syphilis et combattit la douleur en fumant de l'opium. Il s'éteignit à 46 ans dans les bras de sa mère.

14   **1.** il lui eut avoué, il lui dit – **2.** il se fut retiré, on nous conduisit – **3.** le cocher… m'eut aperçu(e), il s'avança – **4.** l'enfant n'eut pas atteint, elle s'inquiéta.

Chapitre 9 – L'impératif présent

Exercices p. 133

①   **1.** Sois sage ! Soyons sages ! Soyez sage(s) ! – **2.** Vas-y ! Allons-y ! Allez-y ! – **3.** Épelle ton nom ! Épelons notre nom ! Épelez votre nom ! – **4.** Prépare-toi vite ! Préparons-nous vite ! Préparez-vous vite ! – **5.** N'aie pas honte ! N'ayons pas honte ! N'ayez pas honte ! – **6.** Lève-toi tôt ! Levons-nous tôt ! Levez-vous tôt ! – **7.** Sache te contrôler ! Sachons nous contrôler ! Sachez vous contrôler ! – **8.** Paye (Paie) par chèque ! Payons par chèque ! Payez par chèque ! – **9.** Mangez-en un peu ! Mangeons-en un peu ! Mangez-en un peu !

②   Approche-toi ! Regarde…, vas…, touche…, admire…, essaye (essaie) !…, va…, ferme…, dépêche-toi…, parle…, n'aie pas peur…, sois…, ne fais pas…, écoute…, ne sois pas… !

29

3 1. Emmenez les enfants à l'école ! – **2.** N'oublie pas ton frère ! – **3.** Appelons Paul et Marie ! – **4.** Parlons-en au groupe ! – **5.** Soyez gentils avec vos grands-parents ! – **6.** Étudiez parfaitement vos leçons ! – **7.** Vas-y a pied ! **8.** Rangeons nos affaires ! – **9.** Habille-toi vite ! – **10.** Comportez-vous en adultes !

Exercices p. 135

1 1. Choisis, choisissons, choisissez un nombre ! – **2.** Sors, sortons, sortez d'ici ! – **3.** Attends, attendons, attendez une minute ! – **4.** Fais, faisons, faites attention ! – **5.** Sers-toi, servons-nous, servez-vous d'abord !

2 1b. te perds / prends – **2e.** contredis / obéis – **3d.** t'arrête / reviens – **4f.** mens / dis – **5c.** pars / tais-toi – **6a.** confonds / écris. Ne le contredisez pas, obéissez ! Ne vous arrêtez pas, revenez immédiatement ! Ne mentez pas, dites-moi la vérité ! Ne partez pas, taisez-vous ! Ne les confondez pas, écrivez-les séparément !

3 Unissons ! Battons-nous ! Apprenons, devenons ! Entreprenons, promettons-nous ! Ne craignons pas, descendons !

4 1. courez – **2.** offrez-vous – **3.** endormez-vous – **4.** réussissez.

5 Grâce à la poudre Lavetout, lavez sans peine ! – Avec le shampoing Moëlleux, coiffez-vous sans difficulté ! – Réussissez tous vos gâteaux avec la farine Fluidor !

Chapitre 10 – Le conditionnel présent

Exercices p. 137

1 2. vous feriez le discours d'ouverture – **3.** qu'il irait en visite officielle – **4.** qu'elles auraient des crédits – **5.** qu'ils viendraient en avion.

2 1d. il serait – **2e.** j'aurais – **3a.** elle ne ferait pas – **4b.** nous n'irions pas – **5c.** ils viendraient.

3 1d. tu viendrais – **2e.** vous iriez – **3b.** je serais – **4c.** tu ferais – **5a.** vous auriez.

4 Nous aurions, il y aurait, j'irais, tu viendrais, tu aurais, des amis viendraient, Nous ferions, ce serait, Nous serions.

5 On partirait avec des amis en voilier. On ferait un grand voyage en méditerranée. On irait dans plusieurs pays. Ton frère et ta sœur viendraient avec nous. Nous ferions de la plongée sous-marine. Nous serions seuls sur la mer immense.

Exercices p. 139

1 1. elle pourrait nous (m') aider – **2.** nous devrions attendre – **3.** vous sauriez comment faire – **4.** elle ne voudrait pas s'en occuper – **5.** il faudrait leur écrire.

2 1. Pourriez-vous me donner la carte s'il-vous-plaît ? – **2.** Je voudrais savoir quand aura lieu l'examen. – **3.** Est-ce que vous pourriez me dire s'il y a des trains pour Nice dans la soirée ? – **4.** Sauriez-vous où se trouve la banque centrale, s'il-vous-plaît ? – **5.** Il me faudrait 500 F ; est-ce que tu pourrais me prêter cette somme jusqu'à la fin du mois ?

3 1. tu devrais – **2.** voudriez-vous – **3.** Son avion devrait – **4.** il faudrait – **5.** Vous pourriez.

4 Cher monsieur, nous voudrions louer une villa en bord de mer l'été prochain. Il nous faudrait trois chambres. Nous voudrions louer tout le mois de juillet. Pourriez-vous me répondre en me donnant des informations sur vos prix de location et sur le confort de la maison ? Sauriez-vous s'il y a un club d'équitation à proximité ?

Exercices p. 141

1 1. nous aimerions, il aimerait – **2.** je me préparerais, vous vous prépareriez – **3.** tu changerais, elles changeraient – **4.** je louerais, vous loueriez – **5.** elle étudierait, ils étudieraient – **6.** Nous essayerions / essaierions, j'essayerais / j'essaierais – **7.** ils emploieraient, tu emploierais – **8.** je rappellerais, nous rappellerions.

2 1. je protégerais les forêts et les rivières – **2.** est-ce que tu essayerais / essaierais de passer l'examen ? – **3.** nous appellerions votre secrétariat – **4.** je me dépêcherais de rencontrer tous mes amis – **5.** nous voyagerions dans tous les pays de l'univers – **6.** j'interpréterais des rôles comiques – **7.** elle porterait des cravates – **8.** il aimerait avoir des cheveux très longs.

3 1. Le directeur général donnerait prochainement une réception pour le personnel. – **2.** Les syndicats appelleraient les grévistes à reprendre le travail avant la fin de la semaine. – **3.** Ses parents l'enverraient à l'étranger pour étudier. – **4.** Grâce à la nouvelle loi, on créerait beaucoup d'emplois pour les jeunes. – **5.** L'Assemblée nationale rejetterait le projet du gouvernement.

4 J'habiterais dans une très grande ville. Je louerais un grand appartement avec des amis. Je gagnerais assez d'argent pour pouvoir aller aux spectacles. J'inviterais des amis chez moi, j'organiserais des dîners pour mes amis. Je voyagerais souvent dans des pays étrangers.

Exercices p. 143

1 1. je rachèterais – **2.** vous sèmeriez – **3.** elle pèlerait – **4.** tu soulèverais – **5.** tu emmènerais – **6.** elle amènerait – **7.** nous nous lèverions – **8.** vous achèveriez – **9.** tu décongèlerais – **10.** j'enlèverais.

2 1. elle pèserait le pour et le contre – **2.** ils mèneraient une vie calme – **3.** vous soulèveriez la question en temps voulu – **4.** tu amènerais des amis avec toi.

3 1. ils se lèveraient tôt – **2.** Sophie enlèverait la poussière – **3.** Manon emmènerait le petit frère au cinéma -**4.** ils ramèneraient les jeunes de l'école – **5.** Marc achèterait du pain avant de rentrer.

4 1. je l'achèterais – **2.** nous amènerions – **3.** cela soulèverait – **4.** ils achèveraient – **5.** cela sèmerait.

5   **1.** Elle enlèverait bien ces vieux rideaux si elle en avait des nouveaux. – **2.** Nous nous lèverions bien tard demain, si nous ne devions pas travailler. – **3.** Ils promèneraient bien les chiens dans les bois s'il ne pleuvait pas. – **4.** J'emmènerais bien Paul au théâtre si on jouait une pièce de Molière. – **5.** Il sèmerait bien des graines à cet endroit s'il y avait du soleil.

Exercices p. 145

1   **2.** qu'il lui offrirait un diamant – **3.** qu'ils se serviraient de leurs relations – **4.** qu'on sortirait à l'heure – **5.** que nous accueillerions la délégation – **6.** que tu tiendrais le stand.

2   **1c.** tu te souviendrais… – **2a.** ils acquerreraient… – **3d.** nous ouvririons… – **4b.** vous vous endormiriez…

3   tu viendrais, Nous dormirions, on ne mourrait pas, on cueillerait, Je fabriquerais, on se servirait, j'aurais, les bêtes… viendraient, je courrais, je m'enfuirais, tu t'habituerais, tu deviendrais, tu découvrirais, on finirait, on se sentirait.

4   **1.** je me souviendrais de notre mauvaise aventure et je m'enfuirais – **2.** tu maigrirais un peu, tu courrais plus vite, tu dormirais bien et tu te sentirais mieux – **3.** vous sortiriez plus souvent et vous partiriez en vacances – **4.** elle souffrirait beaucoup, elle s'évanouirait peut être.

Exercices p. 147

1   **1.** vous repeindriez tout le studio en blanc – **2.** il répondrait à toutes les questions – **3.** elles s'inscriraient sans tarder – **4.** on prendrait le TVG un lundi – **5.** nous descendrions à Valence.

2   **1.** tu mettrais une écharpe quand il fait froid – **2.** tu écrirais de temps en temps à ta grand-mère – **3.** tu répondrais poliment quand on te parle – **4.** tu éteindrais les lumières quand tu quittes une pièce – **5.** tu boirais du lait pour les vitamines – **6.** tu te tairais quand le professeur parle – **7.** tu ne te battrais pas avec tes camarades – **8.** tu apprendrais tes leçons – **9.** tu connaîtrais ta table de multiplication – **10.** tu lirais au lieu de regarder la télévision.

3   **1.** on le reconnaîtrait à son allure – **2.** vous coudriez à la main – **3.** il ne les suivrait pas – **4.** ils se plaindraient – **5.** cela me surprendrait – **6.** nous le convaincrions.

4   **1.** « Que diriez-vous d'aller travailler en Chine ? » – **2.** « On est en avril, mais on se croirait en hiver. » – **3.** « Ça te dirait. d'aller au cinéma ? »

5   Ça vous plairait d'aller voir une exposition avec moi ?

Exercices p. 149

1   **1.** tu verras / tu verrais – **2.** vous vous apercevrez / vous vous apercevriez – **3.** ils s'assiéront (s'assoiront) / ils s'assiéraient (s'assoiraient) – **4.** il vaudra / il vaudrait.

2   **1.** il pleuvrait – **2.** tu t'assiérais (t'assoirais) – **3.** vous recevriez une réponse – **4.** tu l'apercevrais.

3 Sylvie et Gérard pourraient contacter les vieux amis de Sébastien. On se verrait avant pour régler les détails. Il vaudrait mieux commander le dîner chez le traiteur. On prévoirait un repas pour 30 personnes par exemple. Le jour J, vous viendriez chez moi. Pendant ce temps, je l'emmènerais se promener et nous rentrerions vers 7 heures. Quand vous entendriez l'ascenseur, vous éteindriez les lumières et vous vous assiériez (assoiriez) autour de la table. Quand nous entrerions dans l'appartement, il ne s'apercevrait de rien. Et là, tout le monde se mettrait à chanter et allumerait des bougies ! Imaginez sa surprise quand il nous verrait !... et tous les cadeaux qu'il recevrait !

4 **1.** Je serais tellement émue que je pleurerais de joie et puis très vite je me mettrais à rire aux éclats. Je remercierais tous mes amis, je les embrasserais. J'ouvrirais les cadeaux et les apprécierais. Puis je proposerais de la musique et de la danse.

Chapitre 11 – Le conditionnel passé

Exercices p. 151

1 **1.** J'aurais été content. – **2.** Il aurait eu vingt ans. – **3.** Il aurait fait chaud. – **4.** Nous y serions allés en groupe. – **5.** Tu serais venue seule. – **6.** Elle se serait amusée.

2 **1.** ils auraient été heureux – **2.** il aurait eu un meilleur résultat – **3.** tu aurais fait de la randonnée avec nous – **4.** je serais allé au festival – **5.** je serais venu – **6.** nous serions rentrés à pied – **7.** nous serions restés – **8.** elle serait tombée.

3 **1c.** ils auraient gagné – **2a.** elle n'aurait pas continué – **3d.** nous n'aurions pas joué – **4b.** j'aurais oublié – **5e.** tu aurais essayé – **6f.** vous auriez appelé.

4 **A.** **2.** qu'ils nous auraient trouvé impolis – **3.** qu'ils auraient été vexés – **4.** qu'ils auraient mal interprété.
B. **1.** auraient-ils rencontré – **2.** est-ce qu'ils se seraient arrêtés – **3.** auraient-ils appelé – **4.** est-ce qu'ils ne seraient pas arrivés.

Exercices p. 153

1 **1.** Nous aurions découvert – **2.** J'aurais recueilli – **3.** Elle aurait réagi – **4.** Tu aurais grandi – **5.** Il serait mort – **6.** Ils se seraient endormis.

2 **1.** j'aurais choisi la veste bleue – **2.** nous les aurions accueillies à la maison – **3.** il n'aurait pas rétréci – **4.** elle ne serait pas partie – **5.** ils ne seraient pas morts – **6.** elle ne se serait pas enfuie – **7.** j'aurais dormi jusqu'à midi – **8.** vous vous en seriez souvenu.

3 **1.** j'aurais réfléchi et j'aurais menti – **2.** nous lui aurions offert un cadeau – **3.** ils seraient sortis – **4.** j'aurais parcouru la ville entière – **5.** nous serions venus – **6.** nous aurions servi des plats végétariens.

4 **1.** nous aurions réussi, nous aurions acquis, nous aurions cueilli, nous aurions été couverts – **2.** j'aurais fini, je serais devenu, d'autres possibilités se seraient offertes, je serais parti.

5 Si j'avais su, j'aurais attendu. Si j'avais réfléchi un peu plus, je n'aurais pas fait cette erreur. Si elle me l'avait dit, j'aurais pu les aider.

Exercices p. 155

1 **1.** La BFL aurait entrepris une restructuration. – **2.** L'actrice Gina Lolla aurait disparu de son domicile. – **3.** Une explosion se serait produite dans les locaux du MSV. – **4.** L'année dernière le taux de chômage aurait atteint 12 %. – **5.** Deux navigateurs se seraient perdus dans le Pacifique. – **6.** La police aurait poursuivi deux malfaiteurs sur l'autoroute.

2 **1.** Nous avons attendu mais si nous avions su nous n'aurions pas attendu. – **2.** Il a traduit le texte mais s'il avait su il n'aurait pas traduit le texte. – **3.** Tu as répondu mais si tu avais su tu n'aurais pas répondu. – **4.** Ils ont bu du whisky mais s'ils avaient su ils n'auraient pas bu de whisky.

3 **1d.** je ne me serais pas permis – **2e.** on en aurait entendu parler – **3b.** Nous n'aurions pas cru – **4a.** vous ne l'auriez pas reconnu – **5c.** cela m'aurait plu.

4 **1.** elle aurait mis une robe longue – **2.** nous nous y serions inscrits – **3.** ils seraient descendus à la gare d'avant – **4.** tu aurais ri – **5.** je l'aurais compris – **6.** vous nous auriez convaincu(e)s.

5 je n'aurais pas passé deux ans en France. Je ne serais pas devenu professeur de littérature française, je n'aurais pas épousé une Française et je n'aurais pas vécu en France pendant dix ans.

Exercices p. 157

1 **1.** Tu aurais pu / j'aurais pu – **2.** vous auriez dû / nous aurions dû – **3.** Ils auraient voulu / j'aurais voulu – **4.** Il aurait… valu / Cela en aurait valu – **5.** Il aurait fallu / Il aurait fallu.

2 **1.** nous nous serions revus – **2.** ils auraient reçu 1 million de francs – **3.** tu t'en serais aperçu – **4.** il aurait fallu appeler un garagiste – **5.** il aurait voulu être médecin.

3 **1.** vous n'auriez pas dû refuser leur invitation – **2.** Tu aurais pu y penser – **3.** nous aurions dû lui téléphoner – **4.** J'aurais voulu skier en janvier avec mon frère – **5.** Il aurait mieux valu la peindre en blanc.

4 cela aurait valu, aurait ému, Il se serait assis, nous… aurions vu, aurions pu, il n'aurait déçu, on aurait prévu, tout le monde aurait reçu.

5 J'aurais voulu avoir des frères et des sœurs. Alors j'aurais pu jouer avec eux, partager mes soucis avec eux. En effet, j'aurais voulu avoir une grande famille. J'aurais voulu aussi être metteur en scène de théâtre ; j'aurais dû aller faire mes études dans une très grande ville parce qu'il aurait fallu vivre dans un environnement riche sur le plan culturel.

Chapitre 12 – Le subjonctif présent

Exercices p. 159

1 1. je sois – **2.** nous ayons – **3.** vous fassiez – **4.** tu puisses – **5.** elle sache – **6.** j'aie – **7.** il soit – **8.** nous puissions.

2 1. Il faut que vous soyez persévérants. – **2.** Il faut que tu aies la patience de les écouter. – **3.** Il faut que nous leur fassions confiance. – **4.** Il faut que vous sachiez le comprendre. – **5.** Il faut que tu sois plus tolérant. – **6.** Il faut que tu fasses ta valise ce soir. – **7.** Il faut que vous ayez toujours une pièce d'identité avec vous. – **8.** Il faut que nous sachions les écouter. – **9.** Il faut que nous soyons vigilants.

3 Daniel soit, il ait – Marie ait, elle soit – maman soit, elle ait – grand-père n'ait, il ne soit – Philippe soit, il ait – les affaires… soient, il soit – nous soyons, nous ayons.

4 *Que les gens soient plus conscients des problèmes écologiques*, qu'on puisse réparer les erreurs passées, qu'on respecte les animaux, qu'on préserve les océans.

Exercices p. 161

1 1. nous… allions, Clara vienne – **2.** j'y aille, Marc veuille – **3.** vous deviez – **4.** ils veuillent – **5.** tu doives.

2 1. J'aimerais tant qu'elles veuillent nous suivre ! – **2.** J'aimerais tant qu'elle veuille partir ! – **3.** J'aimerais tant qu'ils s'en aillent ! – **4.** J'aimerais tant que nous allions à New York ! – **5.** J'aimerais tant que tu ne lui doives pas d'argent ! – **6.** J'aimerais tant qu'ils viennent ce soir ! – **7.** J'aimerais tant qu'elle n'y aille pas ! – **8.** J'aimerais tant qu'elle revienne ! – **9.** J'aimerais tant qu'ils veuillent sortir ! – **10.** J'aimerais tant qu'elle ne doive pas voyager !

3 1. nous allions nous promener dans la forêt. – **2.** vos parents reviennent. – **3.** vous veniez avec moi. – **4.** tu veuilles toujours avoir raison. – **5.** il devienne directeur du service. – **6.** ils s'en aillent trop tôt.

4 1. nous y allions en été – **2.** tu reviennes avant notre départ – **3.** qu'ils ne veuillent pas nous accompagner – **4.** qu'elle devienne avocat – **5.** qu'elles s'en aillent sans les prévenir – **6.** il vienne lui rendre visite une fois par semaine.

Exercices p. 163

1 ils aiment, nous aimions, tu aimes, vous aimiez – elles crient, nous criions, je crie, nous criions – ils achètent, nous achetions, j'achète, vous achetiez.

2 1. vous travailliez – **2.** nous employions – **3.** vous ennuyiez – **4.** ils utilisent – **5.** nous nous appelions – **6.** nous nous déplacions – **7.** vous remerciiez.

3 1. vous continuiez de lire jusqu'à la page 134 – **2.** tu achètes un dictionnaire – **3.** vous changiez les freins – **4.** je jette ces vieux documents – **5.** nous la remerciions – **6.** vous emmeniez – **7.** nous essayions maintenant ? – **8.** vous créiez un nouveau programme – **9.** tu la rappelles dès demain.

4 ma mère arrête de me considérer comme un enfant, que mon père m'écoute un peu plus. Je voudrais que ma sœur me téléphone plus souvent. J'aimerais que mes amis m'envoient des lettres et m'invitent chez eux. Je voudrais que mes collègues respectent mes silences et m'aident avec plus de gentillesse quand il y a beaucoup de travail et surtout qu'ils rient un peu plus.

Exercices p. 165

1 ils agrandissent, nous agrandissions, tu agrandisses, nous agrandissions – ils accueillent, nous accueillions, j'accueille, vous accueilliez – ils dorment, nous dormions, elle dorme, vous dormiez.

2 1. j'ouvre la fenêtre – 2. tu coures en acheter – 3. nous partions tout de suite – 4. vous vous serviez rapidement – 5. on choisisse une couleur claire – 6. il prévienne le médecin.

3 1. Je suis surprise qu'ils ne lui offrent pas de cadeau pour Noël. – 2. Je suis choqué qu'elle ne vienne pas le voir à l'hôpital. – 3. C'est dommage qu'il vieillisse mal. – 4. Je suis content que vous reveniez souvent me voir. – 5. Cela me fait plaisir que tu te serves de la théière que je t'ai offerte.

4 • vous sentiez…, que vous parveniez…, que vous enrichissiez votre…, que vous élargissiez vos…, que vous acquériez…, que vous obteniez…, que vous deveniez maîtres…, que vous réussissiez…
• vous souffriez un peu mais que vous vous souveniez que les efforts sont récompensés.

Exercices p. 167

1 Ils disent, on dise qu'elle n'est pas qualifiée – Ils ne lisent pas, tu ne lises pas – Ils entendent, tu entendes circuler les rumeurs – Ils ne répondent pas, je ne réponde pas.

2 nous craignions, vous craigniez de perdre votre travail – nous conduisions, vous (ne) conduisiez trop vite – nous prenions, vous preniez trois semaines de vacances – nous interdisions, nous interdisions l'entrée.

3 2. qu'elles rient de bon cœur – 3. qu'on construise un centre culturel – 4. qu'il écrive un superbe roman – 5. que cela lui plaise – 6. qu'ils défendent nos intérêts – 7. que tu te joignes à nous – 8. que vous résolviez le problème.

4 tu apprennes, tu introduises, tu attendes, la machine dise, tu choisisses, l'argent (ne) sorte, tu reprennes, elle ne soit pas, tu prennes.

5 Il est indispensable que tu apprennes à utiliser la machine à laver. Il faut d'abord que tu lises attentivement les conseils d'utilisation. Ensuite, quand le linge est dans la machine, il faut que tu choisisses un programme, que tu verses de la poudre à laver dans le bac, puis il suffit que tu appuies sur la touche « départ ». Et bien sûr, il faut que tu attendes entre trente minutes et une heure selon le programme choisi.

Exercices p. 169

1 ils croient, nous croyions, tu croies / vous croyiez – ils plaisent, nous plaisions, elle plaise / vous plaisiez – Ils connaissent, nous connaissions, il connaisse / vous connaissiez – Ils vivent, nous vivions, elle vive / vous viviez.

2 **1.** vous concluiez – **2.** tu m'interrompes – **3.** ils poursuivent leurs études – **4.** elle vive un grand amour – **5.** nous le convainquions – **6.** je transmette.

3 **1d.** elles disparaissent ! – **2f.** on exclue ! – **3e.** elle mette – **4b.** ils boivent – **5a.** il se taise – **6c.** il suive.

4 **1.** Nous lui pardonnerons à condition qu'il ne recommence plus. – **2.** Je veux bien discuter avec vous à condition que vous reconnaissiez vos erreurs. – **3.** Elles iront à cette soirée à condition qu'on leur permette de sortir. – **4.** Ils pourront venir nous voir en avril à condition que le bébé ne naisse pas avant la date prévue.

Exercices p. 171

1 **1** ils revoient, nous revoyions, je revoie, vous revoyiez – ils s'assoient, nous nous assoyions, vous vous assoyiez, tu t'assoies – ils reçoivent, nous recevions, tu reçoives, nous recevions.

2 **1.** vous (ne) receviez le paquet trop tard – **2.** elle (ne) déçoive son employeur – **3.** on (ne) voie plus Ivan – **4.** ils (ne) se revoient plus jamais – **5.** il (ne) s'aperçoive pas.

3 nous nous voyions, nous puissions, il pleuve, il faille, nous prévoyions.

4 **1.** C'est incroyable qu'on prévoie une population mondiale de 7 milliards d'hommes d'ici une dizaine d'années. – **2.** C'est invraisemblable qu'un tableau de Van Gogh vaille au moins 3 millions d'euros. – **3.** C'est normal qu'on reçoive plus d'informations par Internet que par la presse écrite. – **4.** C'est attristant qu'on s'aperçoive que la couche d'ozone se détériore de plus en plus.

5 Je crains que dans le futur, on (ne) s'aperçoive un peu tard que la terre ne peut pas nourrir toute sa population. J'ai peur que notre planète (ne) reçoive plus assez de rayons du soleil et qu'il faille porter des masques pour se protéger contre la pollution.

Chapitre 13 – Le subjonctif passé

Exercices p. 173

1 1. il n'ait pas eu de chance – **2.** elle ait été malade – **3.** ils n'aient pas eu envie de sortir – **4.** elles ne soient pas venues à la réception – **5.** il soit parti à deux heures du matin sous la pluie. – **6.** elle ait oublié son rendez-vous.

2 1. vous ne soyez pas entré(e)(s) – **2.** tu aies oublié tes clés – **3.** il n'ait pas payé son loyer – **4.** elle ait arrêté ses études – **4.** vous ayez jeté.

3 1. vous soyez venu(e)(s) – **2.** je ne sois pas allé(e) en cours – **3.** tu aies parlé – **4.** elle ait contacté – **5.** les invités soient arrivés – **6.** il soit allé – **7.** elle ait signé.

4 1. qu'ils aient eu une panne de voiture, qu'ils se soient arrêtés dans un garage. Il se peut qu'ils aient essayé de nous joindre. Il est possible aussi qu'ils aient oublié le jour de l'invitation ou qu'ils se soient trompés de date. Il se peut aussi qu'ils aient eu un empêchement de dernière minute et qu'ils n'aient pas eu notre numéro de téléphone sur eux.
2. Il est possible que les enfants soient rentrés déjeuner avec des amis, qu'ils aient écouté de la musique dans le salon, qu'ils aient fait un anniversaire pour l'un d'eux et qu'ils n'aient pas eu le temps de ranger avant de partir.

Exercices p. 175

1 1. il soit sorti avant la fin du cours – **2.** tu te sois évanouie de peur – **3.** vous soyez revenus à 6 h du matin – **4.** ils se soient enrichis malhonnêtement – **5.** elle soit morte loin de son pays natal – **6.** nous ayons parcouru 30 km à pied – **7.** je me sois souvenu de son nom.

2 1. Ton dossier sera examiné à condition que tu aies fourni les pièces nécessaires. – **2.** On pourra écouter de la musique à condition qu'on ait prévenu les voisins. – **3.** Ce sera une belle victoire pour nous à condition que nous ayons recueilli au moins 30 % des voix. – **4.** Le poste lui est accessible à condition qu'il ait déjà acquis une expérience internationale.

3 tu aies prévenue, tu aies réussi, tu aies obtenu, tes parents aient consenti, ils aient soutenu, ils aient fait, tu sois devenu, je ne soit pas venue.

4 Je trouve étonnant que vous soyez arrivée au bureau à 10 heures et que vous soyez partie déjeuner à 11 h 30. De plus, je trouve inadmissible que vous soyez retournée à 13 h, que vous n'ayez pas ouvert le courrier, que vous n'ayez pas fini votre travail et que vous soyez partie du bureau à 16 heures.
Vous voudrez bien passer me voir dans le courant de la matinée.

Exercices p. 177

1 1. vous ayez écrit ce discours et que vous l'ayez lu devant un millier de personnes – **2.** ils vous aient dit d'entrer et qu'ils vous aient permis de vous asseoir ici – **3.** elle leur ait prédit l'avenir et qu'ils l'aient crue – **4.** tu aies vécu en Iran et que tu aies connu personnellement le Shah – **5.** ils se soient plaints auprès du directeur et que vous vous soyez joints à eux.

2 que je n'aie pas écrit une pièce de théâtre, que je n'aie pas conduit une voiture de course, que je n'aie pas vécu à la montagne, que je ne me sois pas inscrite à un cours de cuisine indienne, que je n'aie pas entendu Arthur Rubinstein jouer au piano…

3 un homme se soit introduit, le chien ait mordu, il soit descendu, il ait bu, il soit remonté, il ait pris, il ait disparu, les voisins aient entendu.

4 **1.** ils nous aient attendu(e)s – **2.** elle se soit inscrite – **3.** il ait pris un parapluie – **4.** ils ne se soient pas perdus – **5.** il ait suivi mon conseil.

Exercices p. 179

1 **1.** Nous sommes surpris que vous n'ayez pas reçu le paquet. – **2.** C'est drôle qu'ils se soient revus par hasard vingt ans plus tard. – **3.** Je suis très heureuse que nous ayons pu assister à son mariage. – **4.** C'est gentil qu'elle ait bien voulu nous faire visiter tous les lieux touristiques. – **5.** C'est dommage qu'il ait dû rester chez lui pour travailler. – **6.** C'est pénible qu'il ait fallu encore déménager.

2 **1.** ils (n')aient dû – **2.** nous (n')ayons vu – **3.** vous ne vous soyez aperçu – **4.** je n'aie pas pu – **5.** l'hôtesse se soit assise – **6.** cela ait valu – **7.** tu aies déçu.

3 nous ayons vu le soleil sur les dunes – nous ayons aperçu le ciel rejoindre la mer à l'infini – nous ayons pu nous connaître – nous nous soyons assis l'un à côté de l'autre sous les étoiles.

Bilan – Conditionnel

Exercices p. 180

(1) **1.** il serait – **2.** j'aurais – **3.** tu pourrais – **4.** il faudrait _ **5.** nous viendrions – **6.** ils sauraient – **7.** il enverrai – **8.** elles joueraient – **9.** je punirais – **10.** elle perdrait – **11.** ils mettraient – **12.** il viendrait.

(2) **1.** je serais – j'utiliserais – je peindrais – je représenterais – il y aurait – l'immensité… remplirait.
2. nous aimerions – je serais, vous seriez – je me servirais – je ferais – tu jouerais, Nicolas jouerait – on monterait – nous aurions, le public applaudirait – les journaux et la télévision parleraient.

(3) **1.** j'aurais été – j'aurais utilisé – j'aurais peint – j'aurais représenté – il n'y aurait pas eu – l'immensité… aurait rempli.
2. nous aurions aimé – j'aurais été, vous auriez été – je me serais servi – j'aurais fait – tu aurais joué, Nicolas aurait joué – on aurait monté – nous aurions eu, le public aurait applaudi – les journaux et la télévision auraient parlé.

(4) nous accepterions, il faudrait – je voudrais, quelqu'un s'occuperait – il serait, un collègue remplacerait – nous viendrions, auriez-vous.
Nous aurions bien accepté votre invitation mais il aurait fallu que nous ayons des places dans l'avion. J'aurais voulu aussi, avant de partir, trouver quelqu'un qui se serait occupé de la maison et du jardin. Il aurait été nécessaire que Marion puisse compter sur un collègue qui l'aurait remplacée au bureau pendant dix jours. Nous serions bien volontiers venus habiter chez vous mais auriez-vous eu assez de place pour nous loger avec les enfants ?

Bilan – Subjonctif

Exercices p. 181

(5) *Il faut que vous* ayez, vous choisissiez, vous fassiez attention, vous vérifiiez, vous régliez, vous sélectionniez, vous insériez, vous tapiez, vous acceptiez, vous créiez, vous entriez, vous retiriez.
Il faut que tu aies, tu choisisses, tu fasses attention, tu vérifies, tu règles, tu sélectionnes, tu insères, tu tapes, tu acceptes, tu crées, tu entres, tu retires.

(6) **1.** vous appreniez, vous sachiez, vous finissiez, vous fassiez. – **2.** tu remettes, tu nettoies, tu réfléchisses, tu ailles. – **3.** vous vouliez, vous obteniez, votre supérieur ait, le directeur soit.

(7) **1.** Il se peut qu'ils soient venus en notre absence, qu'ils aient attendu longtemps et qu'ils soient repartis. – **2.** Il semble que vous soyez déçu, que vous ayez hésité à en parler et que vous vous soyez tu. – **3.** Je suis heureuse que tu te sois libéré, que tu sois allé les voir et qu'ils aient apprécié ta gentillesse. – **4.** Il partira à condition qu'il ait réussi ses examens et qu'il ait mis de l'argent de côté.

Chapitre 14 – Le participe présent

Exercices p. 183

❶ 1. ayant, étant – **2.** faisant – **3.** revenant – **4.** nageant – **5.** devant.

❷ **1f.** poussant – **2c.** baissant – **3a.** essayant – **4e.** se levant – **5b.** sachant – **6d.** commençant.

❸ *Couple cherche pour juillet une personne responsable pouvant* s'occuper de deux enfants, sachant cuisiner, aimant jardiner, ayant un permis de conduire de plus de deux ans, nageant parfaitement.

❹ **1.** Ayant été seule pendant longtemps, il m'est difficile de vivre avec quelqu'un. – **2.** Étant sortis sans leur permission, nous avons été punis pendant un mois. – **3.** Ayant su qu'elle arrivait, ils lui préparèrent une surprise. – **4.** Étant parti précipitamment, j'ai oublié mes clés sur la table. – **5.** S'étant promenée longtemps sur la plage, elle se sentait fatiguée.

❺ Cherche homme 50 ans, sportif, ayant bon caractère et le sens de l'humour, adorant voyager, étant libre de partir en été pour l'Asie.

Exercices p. 185

❶ 1. courant, s'enfuyant – **2.** se souvenant – **3.** ouvrant, tenant – **4.** dormant – **5.** plaisantant, buvant, riant.

❷ **1.** Elle écoutait la radio en cousant. – **2.** Elle chante à tue-tête en prenant sa douche. – **3.** Elle serait heureuse en vivant loin du monde. – **4.** Il pensait à sa journée en rangeant ses affaires. – **5.** Elle me raconte ses malheurs en se plaignant. – **6.** Il décide de tout en croyant qu'il a raison.

❸ **1.** Je me sortirai de cette crise en résolvant mes problèmes les uns après les autres. – **2.** Vous n'arriverez jamais à la fin en vous perdant dans des détails inutiles. – **3.** Elle perdra tous ses amis en se plaignant sans arrêt. – **4.** Tu déchireras ta robe en t'asseyant sur cette chaise cassée.

❹ **1.** Ayant ouvert la fenêtre, elle pouvait apercevoir le soleil au-dessus de la montagne. – **2.** Étant revenus tôt le matin, nous n'avions pas rencontré d'embouteillages. – **3.** M'étant aperçu de mon erreur, je me suis dépêché de les prévenir.

Chapitre 15 – L'infinitif passé

Exercices p. 187

1 avoir été – avoir eu – avoir fait – être allé – avoir choisi – s'être aperçu – s'être endormi – avoir su – avoir couru – être resté – avoir offert – s'être levé – avoir cru – avoir pris – avoir vécu – avoir écrit.

2 1. J'espère être revenu avant leur départ. – 2. Elle croit avoir fini avant la fin du mois. – 3. Nous pensons avoir tout lu d'ici le 15. – 4. Ils s'imaginent avoir terminé le programme avant la fin de l'année. – 5. Elles pensent s'être trompées.

3 1. ne pas avoir reçu – 2. avoir rédigé le plan de la thèse d'ici la fin du mois – 3. être rentré(e)s avant la nuit – 4. avoir relu – 5. avoir vécu.

4 avoir fait le ménage, avoir écrit mon rapport de stage, l'avoir envoyé, être passée à la banque, avoir vu Camille, avoir pris mes résultats d'analyse au laboratoire, être allée faire quelques courses.

Chapitre 16 – La voix passive

Exercices p. 189

1 1. Elle est respectée – 2. Nous avons été reçu(e)s – 3. Il avait été connu – 4. il sera nommé – 5. Ils furent élus – 6. elles seraient menacées – 7. ce procédé aurait été découvert – 8. tu ne sois pas invité(e) – 9. il ait été accusé.

2 1. Les comédiens sont applaudis par le public. – 2. La séance a été interrompue par la manifestation. – 3. Une fête sera organisée à la fin de l'année par l'université. – 4. J'ai été accusé(e) pour rien. – 5. La pièce serait donnée en mars. – 6. Il est possible que des immeubles soient construits sur la côte. – 7. Ce système fut utilisé pendant des années.

3 1. Des milliers de spectateurs sont séduits par son talent. – 2. La peine de mort a été abolie en France en 1981. – 3. Les meilleurs candidats seront récompensés par le ministre. – 4. les randonneurs avaient été surpris par la tempête. – 5. La table serait éclairée par des bougies. – 6. Cet auteur et son œuvre furent oubliés pendant vingt ans.

4 1. Aujourd'hui 21 juin, la Fête de la musique est organisée dans toute la ville ; des podiums sont aménagés dans tous les quartiers. – 2. En mai 1981, François Mitterand a été élu à la présidence de la République. – 3. En 1957, la CEE était créée. – 4. En 2001, une zone industrielle sera aménagée dans le secteur est de la ville. – 5. La pénicilline fut découverte après la Seconde Guerre mondiale.

Activités communicatives

Le présent de l'indicatif p. 190

❶ 1. être – 2. être – 3. avoir – 4. avoir – 5. savoir – 6. avoir – 7. avoir – 8. aller – 9. aller – 10. faire

❷ 1. Ils créent / Il crée – 2. Tu continues – 3. Ils oublient – 4. Elle remercie / Elles remercient – 5. Ils jouent / Il joue – 6. Je surveille – 7. Elle s'habitue / Elles s'habituent – 8. Il se réveille / Ils se réveillent – 9. Je t'appelle – 10. Nous changeons

❸ Il se lève. – 3. Ils congèlent. – 4. Nous espérons. – 5. Vous protégez. – 6. Tu pèses. – 7. J'espère. – 8. Elle se promène. – 9. Il suggère. – 10. Tu répètes

❹ se situe, s'appellent, bordent, s'étend, vivent, se déplacent, peuvent, permettent, constitue, connaissent, réunit, investit, présentent, ouvrent, est, fait.

L'imparfait de l'indicatif p. 191

❶ 1. passé composé – 2. imparfait – 3. passé composé – 4. imparfait – 5. passé composé – 6. passé composé – 7. présent – 8. imparfait – 9. imparfait – 10. présent.

❷ **a. Imparfait :** faisait : faire ; je me levais : se lever ; je descendais : descendre ; je préparais : préparer ; mon père se rasait : se raser ; on entendait : entendre ; son nez était : être ; il avait : avoir ; il frottait : frotter ; nous déjeunions : déjeuner ; la course de Lili résonnait : résonner ; je versais : verser ; il refusait : refuser ; ce qui n'était pas : être ; nous partions : partir ; les étoiles brillaient : briller.
b. j'avais moulu : plus-que-parfait ; je l'ai déjà bu : passé composé.
c. Quand mon père rentrait de voyage, c'était la fête. Il partait toujours vers des pays lointains et parlait de villes mystérieuses : Tachkent, Tombouctou, Addis-Abeba, Bénarès… il nous racontait comment vivaient les gens là-bas et rapportait parfois des objets insolites : moulin à prières, masque de cérémonie, tissus brodés… Nous rêvions tous de partir avec lui.

Le passé composé de l'indicatif p. 192

❶ 1. être – 2. avoir – 3. avoir – 4. être – 5. avoir – 6. lever – 7. se servir – 8. s'aimer – 9. pouvoir – 10. savoir

❷ 1. il a mis – 2. il a pris – 3. j'ai fait – 4. on a dû – 5. vous avez peint – 6. tu as compris – 7. elle a dit – 8. il a ri – 9. on a fini – 10. j'ai offert

❸ est arrivés, a accueillis, a fait, a pris, a présentés, s'est avancé, l'a saluée, l'a invitée, a ri, a chanté, a dansé, s'est bien amusés, ai appelé, est rentrés.

❺ **a.** se sont vus, se sont aimés, se sont séparés, se sont retrouvés, se sont mariés, se sont disputés, se sont réconciliés.

6   **a.** l'ai vu, est entré, a traversé, se sont tournés, s'est senti, a rougi, m'a déplu, n'ai pas pu

b. Le lendemain je lui ai envoyé un mail et je lui ai conseillé de changer de cravate ; il m'a répondu qu'il me remerciait de ma franchise ; il n'a pas semblé fâché et il m'a invitée à aller à un concert le samedi suivant ; il ne portait pas de cravate ; nous avons passé une très bonne soirée et nous ne nous sommes plus quittés.

c. Je l'ai rencontré dans le train. Il est entré dans le wagon et il s'est assis à côté de moi. Il m'a demandé un renseignement puis nous avons discuté ensemble. À l'arrivée, nous avons échangé nos numéros de téléphone.

Le plus-que-parfait de l'indicatif p. 194

1   **1.** avais oublié – **2.** n'avais pas dit – **3.** j'avais perdu – **4.** n'avaient pas envoyé – **5.** avait neigé – **6.** étions resté(e)s – **7.** avait fait – **8.** t'étais trompé(e).

2   **2.** Si seulement il avait réussi son examen ! Tu penses qu'il aurait trouvé un meilleur travail ? – **3.** Si seulement on était partis plus tôt ! Tu crois qu'on n'aurait pas raté l'avion ? – **4.** Si seulement il avait neigé avant notre arrivée ! Tu crois qu'on aurait pu faire du ski ? – **5.** Si seulement elle avait eu le courage de refuser ! Tu crois que ça aurait changé sa vie ?

3   **a.** je n'avais pas habité en ville, je n'avais jamais pris le métro, je n'avais pas vu de grands immeubles, je ne m'étais pas promené(e) sur les Champs-Élysées, je n'avais pas souffert de la pollution, je n'étais pas sorti(e) le soir, je n'étais pas monté(e) à la tour Eiffel, je ne m'étais jamais amusé(e) autant

b. je n'avais pas conduit une voiture, je n'avais pas voyagé seul(e), j'étais toujours allé(e) en vacances avec ma famille, j'étais toujours sorti(e) le soir avec des adultes, j'avais habité avec mes parents, je n'étais jamais parti(e) à l'étranger avec des amis.

Le futur de l'indicatif p. 195

1   **1.** Savoir – **2.** S'ennuyer – **3.** Être – **4.** Aller – **5.** Valoir – **6.** Envoyer – **7.** Falloir – **8.** Voire – **9.** Courir – **10.** Avoir

2   **1.** Je remercierai – **2.** On appellera – **3.** Tu verras – **4.** Vous vous ennuierez – **5.** Il jettera – **6.** Nous paierons – **7.** Ils achèteront – **8.** Vous vous inscrirez

3   **a. 1.** tu porteras – **2.** tu ne feras pas – **3.** tu ne revendras pas – **4.** tu ne parleras pas – **5.** tu ne négocieras pas – **6.** tu respecteras – **7.** tu te garderas – **8.** tu ne seras pas – **9.** tu cèderas – **10.** tu ne reproduiras pas

b. 1. À ton ami, tu ne mentiras pas. – **2.** Son avis tu respecteras. – **3.** En toutes circonstances, tu lui viendras en aide. – **4.** Toute ta confiance tu lui donneras. – **5.** Des cadeaux tu lui feras. – **6.** Ses joies et tes peines tu partageras. – **7.** Du réconfort tu lui apporteras. – **8.** De problèmes d'argent, tu n'auras pas. – **9.** Souvent tu le verras ou lui téléphoneras. – **10.** Jamais tu ne l'abandonneras.

Le futur antérieur de l'indicatif p. 196

1 a. **1.** aurez installé – **2.** aura relu – **3.** aura trié – **4.** auront vérifié – **5.** seras informé(e) – **6.** serai préparé(e)
b. **1.** installer – **2.** relire – **3.** trier – **4.** vérifier – **5.** s'informer – **6.** se préparer

2 aurez prises, aurez visités, sera revenue, aura eu, sera sortie, sera né, se seront installés, aurons choisi

3 *Avant la fin du monde, on aura inventé* un moyen de transport pour aller passer des vacances sur la lune ; on aura créé un monde sans frontières avec une langue unique ; la science aura trouvé des vaccins pour toutes les maladies et on aura mis fin à la douleur ; la pauvreté aura disparu et tous les enfants auront connu la joie.

Le passé simple de l'indicatif p. 197

1 **1.** elle pensa (passé simple) – **2.** j'allais (imparfait), j'allai (passé simple) – **3.** il prit (passé simple) – **4.** on commença (passé simple) – **5.** elle pensait (imparfait) – **6.** il courut (passé simple) – **7.** je partais (passé simple) – **8.** il a plu (passé composé)

2 a. avançait, sentit, fallait, était, continua, ne s'était passé, ne dura pas, venait, était, n'était pas, était, replia, contempla.
b. • **Imparfait :** avançait, fallait, était, venait, était, n'était pas, était.
• **Passé simple :** sentit, continua, ne dura pas, replia, contempla.
• **Plus-que-parfait :** ne s'était pas passé.
c. Elle essaya de ne pas ralentir le pas et concentra toutes ses forces sur sa marche mais la douleur se répandait dans tout son corps. Elle vit un barrage de soldats à une centaine de mètres et pensa qu'elle allait arriver au lieu du rendez-vous. Mais elle entendit alors une terrible explosion…

Le passé antérieur de l'indicatif p. 198

1 **1.** passé antérieur – **2.** passé composé – **3.** passé antérieur – **4.** passé antérieur – **5.** passé composé – **6.** passé antérieur – **7.** passé antérieur – **8.** passé antérieur

2 **1.** eut apporté, mit – **2.** se fut arrêté, eut – **3.** eut rejoints, sautèrent – **4.** eurent déjeuné, se promenèrent – **5.** eûmes sonné, vint – **6.** eus descendu, me dirigeai.

L'impératif présent p. 198

1 a. **1.** Ne vendez pas – **2.** Ne te découvre pas – **3.** Fais-toi – **4.** Chassez – **5.** Dis-moi – **6.** Abstiens-toi
b. a3 – b5 – c1 – d2 – e6 – f4.

Le conditionnel présent p. 199

1 1. conditionnel – **2.** conditionnel – **3.** futur – **4.** futur – **5.** conditionnel – **6.** conditionnel – **7.** futur – **8.** conditionnel

2 Je jouerais, je continuerais, je ferais, je composerais, chanterait, ce serait. Je soufflerais, je ne dormirais pas, je réveillerais, je ferais, danserait, ce serait.

Le conditionnel passé p. 199

1 1. 1er verbe – **2.** 2e verbe – **3.** 2e verbe – **4.** 2e verbe – **5.** 2e verbe – **6.** 1er verbe

3 1. regret – **2.** reproche – **3.** reproche – **4.** reproche – **5.** regret

4 a. aurait aimé, auraient préféré, aurait eu, aurait été, n'aurait pas vécu, ne se serait pas intéressé, ne se seraient pas moqué, n'aurait imaginé

Le subjonctif présent p. 201

1 1. vous soyez : être – **2.** elle ne puisse pas : pouvoir – **3.** il veuille : vouloir – **4.** il n'ait pas : avoir – **5.** tu ne connaisses pas : connaître – **6.** vous ne puissiez pas : pouvoir – **7.** ils aient : avoir.

2 a. vous fassiez, vous trouviez, vous vérifiiez, vous alliez, vous choisissiez, vous décidiez, vous ayez. Vous officialisiez, vous fassiez, vous examiniez, vous ouvriez.
b. Il faut que tu suives des cours et surtout que tu travailles régulièrement. Il est indispensable que tu écoutes des dialogues et si possible la radio dans la langue que tu étudies. Il faut que tu mémorises des mots et des phrases et que tu les dises à voix haute.
c. Il vaut mieux que tu viennes à Paris au printemps. Il faut que tu te promènes dans les rues, que tu admires l'architecture des bâtiments, que tu visites les musées. Il est indispensable que tu ailles sur les marchés et dans les cafés, que tu goûtes la cuisine traditionnelle mais aussi que tu fasses l'expérience d'un grand restaurant gastronomique.

Le subjonctif passé p. 202

1 1. que j'aie été – **2.** que vous soyez allé(e)(s) – **3.** qu'il ait choisi – **4.** qu'elle ne se soit pas présentée – **5.** que nous ayons oublié – **6.** qu'ils aient eu – **7.** que tu aies fini – **8.** que vous soyez venu(e)(s)

3 1. aies annoncé, ayez pu, n'aie pas été au courant, n'aie pas eu la possibilité, soyez arrivés – **2.** ait recueilli, soient arrivés, ne sois pas allé(e)

Le participe présent p. 204

1 **1.** en faisant un régime ou en faisant du sport. – **2.** en regardant des spectacles. – **3.** en répondant à des petites annonces. – **4.** en allant moins souvent au restaurant et en cuisinant des plats économiques. – **5.** en le répétant dix fois à voix haute. – **6.** en changeant d'activité. – **7.** en bricolant ou en jardinant.

2 **1.** Il mange en regardant la télévision. – **2.** Il est tombé en descendant l'escalier. – **3.** Elle prend sa douche en chantant / Elle chante en prenant sa douche. – **4.** Il fume en lisant / Il lit en fumant. – **5.** Il marche en dormant. – **6.** Elle est tombée en faisant du vélo.

L'infinitif passé p. 205

1 **a.** b – c – d – h – a – f – e – g

b. Et après avoir choisi le lieu je vais regarder la météo. Après avoir regardé la météo, je vais fixer une date. Après avoir fixé une date, je vais faire la liste de mes amis et après avoir fait la liste de mes amis, je vais les contacter. Puis après les avoir contactés, je vais noter ce que chacun apporte et après avoir noté cela, je vais envoyer un sms de confirmation. Après avoir essayé d'envoyer les SMS je vais organiser éventuellement un covoiturage.

La voix passive p. 205

1 **a. 1.** a été votée : passé composé, voter – **2.** est prévue : présent, prévoir – **3.** ont été blessées : passé composé, blesser – **4.** a été arrêté : passé composé, arrêter – **5.** sera augmenté : futur, augmenter – **6.** sont reçus : présent, recevoir.

N° d'éditeur : 10263663 – Dépôt légal : janvier 2018

Achevé d'imprimer en mars 2020
sur les presses numériques de l'Imprimerie Maury S.A.S.
Z.I. des Ondes – 12100 Millau
N° d'impression : B20/59732N

Imprimé en France